アンミカ流ポジティブ脳の作り方

365日毎日幸せに過ごすために

JN232210

Ahn Mika
アンミカ

宝島社

INTRODUCTION

私は、今、とても幸せです。
20代よりも30代よりも、40代の今が一番幸せだと思います。

今まで、自分の生い立ちを語らせていただく機会が多かったので、私の幼少期をご存知の方も多いかもしれませんが改めて……。

全員年子、5人兄弟の3番目として生まれた私は、幼い頃、兄弟の中でひとりだけ小柄で太っていました。そのうえ、階段から転落して口元に大きなケガを負ったことが原因で、笑うと唇がめくれ上がる後遺症が残っていて、コンプレックスのかたまり。顔を見られることが怖くていつも俯き加減、暗い印象の子どもだったと思います。

私たち家族は、7人で4畳半ひと間に住むという極貧生活を送っていました。少し生活が上向きになり、やっと家らしい家に住めることになった矢先、今度は自宅が火事に見舞われたり、母が病気で入退院を繰り返すことになったり。やっと退院してくると思って母を家で待っていたのになかなか帰らず心配していたところ、実は、病院からの帰路に交通事故に遭って再入院していた、ということも……。働きながら、私たちに精一杯の愛を注いで育ててくれた最愛の母も、私が15歳のときに亡くなってしまいました。

客観的に見ても、決して恵まれているとは言えない子ども時代。

しかし、今、私は、有り難いことに、たくさんの人に支えられながら、大好きな天職と思えるお仕事をさせていただ

今、私が幸せなのは
「ポジティブ脳」を育てたから

だき、運命の人とも言える伴侶にも恵まれ、毎日、楽しく幸せに暮らしています。

私が「今、幸せです」と心から言えるのは、私が自分で［幸せ］と感じるレッスンを重ね、【ポジティブ脳】を育んできたからだと思います。

今まで『幸せの握力』『幸せの選択力』『人の心をつかむ愛されエチケット57』など〝幸せや愛〟をテーマに自分の体験をシェアさせていただいてきましたが、今回は〝ポジティブ〟をテーマに書かせていただきました。

〝ポジティブ〟とは「どんな状況や環境でも〝楽しい、幸せ〟を見つけるアンテナと、そう思える心」だと思っています。

「私、ネガティブなんです」。ブログの読者の方から、こんなお悩みをいただくことがよくあります。

そんな皆さんにお伝えしたいのは「ネガティブな人は、超がつくポジティブ才能の持ち主」なのだということです！

ネガティブな人こそ、ポジティブになれる才能が人一倍あるのです！

不安、憎しみ、羨み、執着といった物事を後ろ向きに捉える負の感情＝ネガティブな一面も、自分の一部です。

自分にそんな部分があることを自覚している人は、他の人のネガティブなところも理解することができ、共感してあげられるので、実はとてもポジティブなのです。

【他者への理解や共感】は、とてもポジティブなエネルギーです！　それをすでに持ち合わせているなんて、すごいことではないですか！

物事を前向きに捉えるポジティブ脳になるには、まず自分の考え方のパターンを理解するために、「自分自身を知ること」が大切になってきます。つまり自分をネガティブだと言う人は、自分のことを知っているということになるので、すでにポジティブ脳への変換は始まっているのです！

「どうしたらアンさんのようにポジティブになれますか？」と、有り難いことに言っていただくこともあります。確かに私は、今は物事の明るい側面を見出し、良いほうに捉えるタイプですが、最初からそこまでポジティブに発想できるタイプではありませんでした。冒頭でも触れたように、幼い頃の私はコンプレックスのかたまりで、ネガティブな感情に支配されることも多くありました。もちろん今でも、そうした感情が頭をもたげてくることはあります。でもその感情に支配されることがなくなったのは、【幸せを感じるレッスン】を重ねてきたからなのです。

レッスンといっても難しいことではありません。ちょっと考え方を変えてみる、ちょっと目線を変えて物事を見る、ちょっと気持ちが明るくなる習慣を日々の生活に取り入れてみる、ちょっと思いを巡らせる、ちょっと心に留めておく……。

ちょっとした意識の積み重ねが ポジティブ脳を作る！

そんな「ちょっと」を積み重ねることで、だんだんとネガティブ脳からポジティブ脳へと変化を遂げていったのです。

本書は、皆さんの脳がポジティブに変わっていく、そのお役に立てたら——との思いで上梓しました。自分の経験から、ポジティブ脳を育むのに欠かせない、きっと役立つと思える、77の「ちょっと」をご紹介させていただいています。

どこから読んでいただいてもかまいません。何から実践していただいてもかまいません。最初の項目からひとつずつ試していただいてもいいですし、パラパラとページをめくり、自分ができそうなことから実行していただいてもいいでしょう。あるいは、毎朝、本書を無作為にパッと開いて出てきた言葉が、その日の自分のテーマだと思い、一日、そのことを心がけて過ごすようにするのも、本書のひとつの使い方と言えるでしょう。

自分の好きなやり方で、これらの「ちょっと」を取り入れてみてください。

続けていけば、あなたはポジティブになることができるでしょう。みんながポジティブになってネガティブな感情に支配されなくなれば、みんなが幸せを感じることができます。そうすれば、世の中はハッピーなオーラで満たされます。

どうか、皆さんが幸せになれますように！

アン ミカ

開いたページが今日のあなたへのメッセージです

目次

Chapter 1

ポジティブ脳を作る77のキーワード

ポジティフ脳になるためには、レッスンの積み重ねが大切です。そんなに難しく考える必要はありません。ちょっとだけ考え方や目線を変えてみる、ちょっとだけ日々の習慣を改めてみる……。

ここでは、そんな77のアンミカ流のキーワードをご紹介します。できそうなことから始めてみてください。その「ちょっと」があなたの脳を変えるのです！

I

“ポジティブ脳”の原点は
“笑い脳”。
さあ、口角を
上げてみましょう。

Ahn's Wisdom

物事を前向きに捉え、マイナスのこともプラスに変えていける。そんなポジティブ脳になるためには、日々、心グセを変えるなどのレッスンが必要ですが、もっとも手っ取り早いのは、口角を上げる練習です。

幼い頃、コンプレックスだらけで自信がなく、ネガティブだった私に、口角を上げて笑顔になることの大切さを教えてくれたのは母でした。「**顔が笑っていると、脳もつられて〝笑い脳〟になるのよ。笑顔でいたら脳も笑うようになるの。そうしたら自分も楽しくなる**わよ」と言って、母は、私に口角を上げる練習をさせてくれたのです。ケガをして唇に後遺症があった幼い私にとって、口角を上げて笑顔を作るのは至難のワザでした。それでも、母の言葉を信じ、私は、毎日、毎日、一生懸命、鏡に向かって笑顔になる練習をしたものです。

その結果が今の私。練習を積み重ねることで、だんだんと笑顔ができるようになり、そして、いつの間にかコンプレックスが消えて、私は明るい子どもになっていました。今ではその口もチャームポイントに！　有り難いことに「アンさんはいつも楽しそうね。ポジティブね」と言っていただくことがありますが、それは、私の脳が〝笑い脳〟だからでしょう。そう、**笑顔が作る〝笑い脳〟は〝ポジティブ脳〟の原点**です。さあ、あなたも、口角を上げてみましょう。

2

あなたはとても
エネルギッシュな人です。

♥

Ahn's Wisdom

ポジティブ脳になる基本のひとつは、自分を信じることです。とはいえ、ときとして、自信がなくなることもあるでしょう。

でも、考えてもみてください。誰もあなたに「つまらない人間」という烙印《らくいん》を押したりはしていないのです。自分で自分のことを決めつけるということは、自分を不幸にする糸口を作っているようなもの。決めつけを取り外し、「私ならできる！」と自分に自信を持ってください。

人間の本質を思い出しましょう。

人は、暗闇から光に向かって誕生します。それだけで大いなる存在だとは思いませんか？　生まれてきただけで価値がありますし、**今、こうして生きているということは、誰かから愛を注がれてきたということ**です。

自分に自信を持つべき根拠は他にもあります。**自分の人生は自分にしか作れない＝ひとりひとりが自分の人生の創造主**であること。「私は、私という人間の人生を作ることができるクリエイターである」ということを噛み締めてください。**あなたは、人、ひとりの人生を作ることができるのですから、とてもエネルギッシュな人**なのです。

3

ネガティブは、
受け入れたら
ポジティブへの第一歩。

♥

Ahn's Wisdom

いつも物事のいい面だけを見て、つねにポジティブでいられたら、どんなにいいでしょうか。でも、実際はなかなか難しいですよね。

人間、誰でも、物事を後ろ向きに捉える瞬間がありますし、怒りや悲しみ、憎しみ、嫉妬、執着といったネガティブな感情に襲われてしまうこともあります。

自分の中にネガティブな感情が生じたら、否定せずに、「私にはこんな側面もあるのね」と素直に認め、自分自身で、その感情を受け止めてあげましょう。

ネガティブな感情は、否定すればするほど、自分の中でくすぶって大きくなっていくものです。

反対に、いったん受け入れてしまうと、「私ってイヤな女なのね」などと自戒でき、「良い方向に変わらなきゃ！」という反省が生まれます。このような方向転換で、心はラクになるものです。

心の負担が減ると、物事をより前向きに考えられるようにもなりますし、**ネガティブな感情を持っていると自覚することで、他人に対しても寛容になれるから不思議です。**

ネガティブは受け入れた途端、ポジティブに変わります。ぜひ、今日からすべての自分を受け入れてみてください。

4

今日一日だけでも
「私はすごく幸運」と
信じてみる。

Ahn's Wisdom

私は誰からも愛されていて、みんなが善意で接してくれて、すべてが私に味方をしてくれて、夢は叶って、私はすごく幸運な人——。

一日だけでいいので、こんなふうに信じるゲームをしてみましょう。

脳がネガティブに傾いているときは、「思い込むだけで願いが叶うなら世話はないよ」という発想が生まれますが、それをぐっと抑えて、**一日だけ、「私はすごく幸運」と信じて過ごしてみてください。**

一日やってみて「なんか気持ちいい」と思えたら、翌日もやってみる。次の日もいい感じだったら、また、その次の日も思い込みを続けてみる。こうやって、毎日、〝都合のいいこと〟を考え続けます。

すると、そのうち、それはゲームではなくなります。自分にとって、前向きな発想をするのが当たり前になっているのですから。これはゲームによって、脳が自ずとポジティブになった結果です。

騙されたと思って、「私はすごく幸運」と思い込むゲームにトライしてみましょう。一日試すのは難しい……と思う人は、30分、1時間からでもかまいません。自分ができそうな時間から少しずつ広げてみてはいかがでしょうか。

5

五感を満たして
細胞ごと
ポジティブになる。

♥

Ahn's Wisdom

いつも満たされた自分でいるためには、視覚・聴覚・嗅覚・味覚・触覚の五感を満たすことが大切です。

潜在意識に働きかける五感は、ポジティブ脳になるためには欠かせない要素です。これを満たし、それぞれの感覚が喜ぶ環境を整えておけば、自分自身が幸せな気持ちになる時間が増えて、発想も前向きな方向へ向かうでしょう。

季節の花を愛でる、心が明るくなる音楽を聴く、好きなアロマの香りに包まれる、体に良くて美味しい旬のものを積極的にいただく、肌触りの心地良い素材に身を包む……。簡単なことなら公園で深呼吸するのも良いでしょう！

日本には美しい四季があります。その自然の魅力を目から、鼻から、存分に堪能してください。

五感が喜ぶことを生活の中にちりばめてそれぞれの感覚を満たす。小さなことの積み重ねで、細胞ごとどんどんポジティブになっていくはずです。

ちなみに私は、出張先のホテルでは、慣れない環境を自分が心地良く明るい環境にするために、いつも一輪の花を飾るようにしています。

6

「自分を知ること」が
幸せの入り口です。

♥

Ahn's Wisdom

幸せであるためには、「自分自身を知ること」がとても大切です。

「自分を知る」とは、長所、短所はもちろんですが、「自分のパターン」を理解するということでもあります。どんなときに快・不快を感じるのか、また、パートナー、友人、同僚、上司など、いろいろな人間関係の様々なシーンで、自分が抱く感情と、それに伴う言動はどうなのか。怒りや落ち込みの琴線《きんせん》はどこにあるのか。このようなことを知っておくのが、「自分のパターンを理解する」ということです。

いろいろな角度から自分を客観的に見つめ、「心グセ」や陥りがちなパターンなど、自分の欠点を含めて自分を知りましょう。そうすると、幸せになるために改善すべき点も見えてきて、心の持っていき方なども見直すことができるのです。

「ここでネガティブになりやすい」というポイントがわかっていれば、ポジティブに変換するコツも見えてきますよね。

こうやって自分を知れば、「自分のことを一番知っているのは自分だ」という自信も出てきて、その分、自分を愛することもできるように……。自分を愛せると、運はどんどん開けてくるものです。**ご先祖様や両親が与えてくれた、自分だけの個性を愛し、大事にするためにも、「自分」というものを、よく知っておきましょう。**

7

自分に起こることはすべて
神様からの
“贈り物”。

♥

Ahn's Wisdom

私は、兄弟5人とても仲が良く、貧しいけれど笑いの絶えない家で育ちました。でも、早くに親を亡くしたり、自宅が火事になったり。不幸と思える出来事に何度も見舞われています。

「どうして私たちのところにだけ、次々と不幸が襲ってくるの？」

ある日、お世話になっていた教会の神父様に尋ねたところ、「今、起きていることは、すべて神様からの贈り物なんだよ」とおっしゃいました。

「多くの苦しみを知っている人は、大人になってからたくさんの人の役に立つことができる。人の心の痛みを知っている人は、弱い人の心に寄り添えて、苦しみを乗り越えられた人は、苦しみを持つ人にアドバイスができて喜んでもらえる人間になる。これは無上の喜びだよ」とも。神父様によると**一見、不幸と思える出来事も、必ず、その人の糧になる**ということです。そして「神様はその人に乗り越えられない壁はお与えにならない」と。確かに自分の人生を振り返ってみても、起こる出来事には、「こんなことを学ぶべき」というパターンが込められているように思います。壁を乗り越え学び取るまで、何度でも同じパターンを見せられる気もします。**繰り返し現われる壁は、「あなたなら乗り越えられる」というサイン**でもあるのです。

そう考えるとそれを乗り越えた先の景色が楽しみになりませんか？

8

「心配」するより
「心配り」をしませんか。

♥

Ahn's Wisdom

「心配」という単語があります。

「今日のプレゼン、うまくいくかどうか心配」、「あの人のことが心配」などと、日常で何気なく使われていますが、実は、とても含蓄《がんちく》のある言葉だと思います。

「心配」は、読んで字のごとく、「心を配る」ことですが、誰に対して心を配るかで、結果はまったく違ってきます。

失敗したらどうしよう、嫌われたらどうしよう、結婚できなかったらどうしよう……。このように、**自分自身に向けて心を配ると、多くの場合、「心配」は「不安」に**変わってしまいます。**自己愛、我欲が強すぎると、最終的には、ネガティブな結果に**なってしまうということです。

ところが、同じ心配でも、愛と余裕があれば、心を他者に向けて配る（＝心配りする）ことができます。「あの人、咳をしていたけれど大丈夫かしら」と生姜飴を差し入れしたり。このように、心を他者に向けて配ると、ポジティブです。

日本語は不思議です。同じ漢字を使っても、「心配」と「心配り」では、意味がまったく違うことがわかりますよね。

自分のことを「心配」するのではなく、他者に「心配り」ができる人間を目指しましょう。

9

「便利って有り難いね」と
一日一回
唱えてみる。

♥

Ahn's Wisdom

仏教用語辞典によると「有り難う」の言葉の由来は、「有る」ことは「難しい」とあります。昔はモノが多くはなかったので**「有る」ことに感謝ができて「ありがとう（＝有り難う）」**が成立したのでしょう。でも、現在は、「有る」ことが「難しくない」世の中になっています。モノが溢れた便利な世の中なら、「有り難い」と感謝する心がもっと湧いてもいいはずなのに、その気持ちが鈍くなっているのではないでしょうか。

例えば、今は、何でも複数から選ぶ時代です。昔は、選択肢が2つあれば「選んでいいの!? 嬉しい！」だったのが、現在では、選択肢が5種類あっても「なんで!? 10種類あるのが普通でしょ」と腹を立てる人も……。携帯電話の普及で、いつでもどこにいても人と繋がる環境のため、相手が電話に出なかったりメールの返信がなかったりすると、「どうなってるの!?」とイライラしたり……。

このようなネガティブな感情は、便利なことに慣れすぎてしまったがゆえに湧き上がるものだと思います。時計の針を、モノがなかった時代に巻き戻すことはできません。今後、「便利」は加速していくでしょう。

だから私は自分を戒めるために、「便利って有り難いねー」と、一日一回、思うようにしています。

10

身のまわりに
ツヤをまとって。

♥

Ahn's Wisdom

ツヤがあるところには良い〝気〟が集まります。教会や寺社など神聖な場所は、磨かれていて美しいですよね。
ツヤをまとって、良い〝気〟を集めて生きましょう。

顔は名刺です。ツヤのある肌や唇で褒められ顔を作りましょう。
靴にツヤを！　よく磨かれた靴は、良い場所に導いてくれると言います。
耳にはツヤのあるジュエリーを！　恋愛運がアップするのだとか。
財布にツヤを！　お金も喜びます。
水まわりを磨きましょう！　日々を気持ち良く過ごせます。
鏡をツヤツヤに。映る自分もキレイで嬉しい！

運がいい人、幸せな人はツヤを全身にまとっています。
ポジティブ脳を刺激するツヤを、ひとつでも身につけることから始めましょう。

II

人生の登場人物に
ムダな人は
ひとりもいない。

♥

Ahn's Wisdom

この世に生を受けてから、この世を去るまで、私たちは、何人の人と出会うのでしょうか。

出会う人の中には、一生の付き合いになる人もいるでしょうし、人生のいっときだけ時間を共有する人もいるでしょう。いずれにしても、**「人生の登場人物にムダな人はひとりもいない」**と言われますが、私も同感です。

自分を産み育ててくれた両親や、自分に影響を与えてくれた恩師や先輩、愛を教えてくれたパートナーなどに対しては、誰でも、「この登場人物は意味がある」と思えるでしょう。反対に、人生には、自分にとって、あまり嬉しくない人も登場することがあります。でも、その人も愛の結晶で生まれてきた人です。相手を尊重し共存していく社会の仲間です。この多様性の時代、苦手な人も反面教師として、何か大きなことを学ばせてくれたりするものです。

自分が関わる人は、自分の人生の登場人物でもありますが、自分もまた、その人の人生の登場人物です。

つまり、自分はその人の人生で、何か大きな役割を担っているはずです。そう思える器が、あなたには備わっているのですよ。その器を使って生きましょう！

12

「ワクワク、ドキドキ」を優先してみる。

♥

Ahn's Wisdom

人は一日におよそ3000回の選択をしていると言われています。

この洋服とあの洋服のどちらを買おうか、ランチはイタリアンにするか、和定食にするか。自分自身で「選んでいる」と意識する選択もあれば、朝、目覚めた瞬間、すぐに起きるのか、もう少し横になっているのか、というような、自分では意識するまでもない、小さな選択もあります。

いずれにしても、私たちの人生は、このような選択の連続で成り立っているのだと思います。そうであるならば、**ひとつひとつの選択に心を留め、「ワクワク、ドキドキする」を優先して選ぶ**ようにしませんか。それはとてもポジティブな心がけです。

ときには人生の岐路に立つ大きな選択を迫られることもあるでしょう。そんなときは迷った末に結局、冒険しようとはせず、今ある安定をつい選びがちに……。過去の安定は未来の安定とは限りません。時代は流れているので、そのときどきで「安定」も変化します。ならば自分の好奇心が刺激されるほうを、心の声に素直に従って選んでみませんか。ワクワクを基準に選んだことは、どんな結果でもその経験を語ることができるようになります。

ちなみに恋の選択も条件で相手を選ぶのではなく、ワクワクを大切に。**ワクワク、ドキドキの感情で動く人は、周囲にもその心が伝わり、まわりの人の心も弾ませます。**

13

笑い飛ばしましょう。
人も、出来事も、
自分のハプニングさえも。

Ahn's Wisdom

「何でも面白がることができる」というのは、楽しく幸せな人生を生きるためには、不可欠な要素だと思います。

長い人生では、信じられないような変な人にも出会うでしょうし、アンラッキーなことも起きるでしょう。ハプニングやトラブルも絶対にあります。そうしたネガティブ要素にぶつかったとき、「どうしてこんな変な人に関わってしまったの？」と考えても、多分、答えは出ません。ハプニングやトラブルにしても、自分にも原因があるなら、その点はちゃんと分析して、後に生かす必要がありますが、考えても仕方がないこともあるでしょう。

そんなときは、**もう面白がってください。**「あの人って面白いよね～、こんなこと言うんだよ」と、誰かと盛り上がりましょう。自分のことなら、「聞いて、聞いて、私、こんな目に遭っちゃって」と、自分の身に降りかかったことを、誰かに面白おかしく話しましょう。ひとりでクスクス笑ってもいいです（笑）。

私は、「アンさん、ニヤニヤしながら歩いてたよ」と、言われることがよくあります。そうなのです。つねに私が出会った変な人やユニークな出来事を、人にどう面白おかしく話そうかを考えながら歩いているからです。これ、ポジティブ脳に効きますよ。**人に話して相手を笑わせるのは、物事を面白がる、いい練習**になるのです。

14

“お守りスタート”の習慣、始めませんか？

♥

Ahn's Wisdom

自分の気持ちをフラットな状態に落ち着かせておく方法として、私には大切にしている〝儀式〟があります。

それは毎朝、神棚に手を合わせることです。家にある神棚に向かって二礼二拍手一礼をし、「○月○日、今日を無事に迎えられてありがとうございます」と声に出して言います。**当たり前のように訪れる日常に感謝を添える**のです。そして、その日の仕事や会う人を報告し、「今日も、仕事やその人のお役に立てる一日になりますように」と、誓いを立ててから出かけるようにしています。

このような、〝お守りスタート〟の習慣を持つと、一日がとても心地良く、ポジティブな気分で過ごせます。

手を合わせる対象は、神様でなくてもいいのです。ご先祖様でも太陽でも、自分で作り出した妖精でも……。何でもいいので、そこに手を合わせて一日をスタートすれば、物事を明るく見ることができるのです。

〝お守りスタート〟は、ゲン担ぎとも言えます。誰かのポジティブ標語を読み上げてから出かける、必ず好きなアロマを嗅いでから出かける……。自分なりの方法でかまいませんから、何かひとつ **〝お守りスタート〟を持ちましょう。** 心の景色を明るく持って、一日を過ごすことができますよ。

15

人は
自分の思い通りには
ならないものです。

Ahn's Wisdom

ポジティブな発想で、毎日をハッピーに過ごすためには、「人は、自分の思い通りにはならない」と心がけておくことが大切です。

人は、ひとりひとり個性も違います。仲良しの友だちだとしても、たとえ愛する人だとしても、育った環境も違えば、教えられてきたことも違います。自分以外の人は自分とはまったく違う人間であることを理解しておきましょう。親子でも、兄弟でも、夫婦でも同様です。私たちは、多かれ少なかれ、無意識に、相手を自分の型にはめる支配欲を持ちがちです。しかし、現実は、なかなかそうはいきません。

・あんなにしてあげたのに、あの人には感謝が足りない➡見返りを求めて行動するのはやめましょう。あなたが好きでしたことです。

・LINEが既読になったのに返事がない➡人には都合もあれば、きちんと時間に余裕があるときに返事をしたいという性格の人もいるでしょう。

「良かれと思ってアドバイスしてあげたのに」と言う人がいますが、助言の押しつけもまた、支配欲の一種です。あなたのアドバイスを実践するかどうかは、本人の自由です。

自分の胸に手を当て、**支配欲が強くなっていることに気づいたら、相手を尊重するように心がけてください。**これが、ポジティブ脳を作るための基本です。

16

一日一褒め

Ahn's Wisdom

今、SNSの世界では、「いいね！」が飛び交っています。国、人種を超えて互いに褒め合い、認め合う「いいね！」も素敵なことですが、身のまわりでもその行いを実践すること、つまり、**アナログ的に褒め合い、認め合うことも大切**なのではないでしょうか？

「その洋服、可愛いですね」、「髪型変えました？　とても似合っていますよ」など、どんなに些細なことでも誰かを褒めると、褒めた言葉で言った本人も気持ちが上がり、褒められた人も嬉しくなって褒め返してくれます。すると、自分でも気づかない魅力を発見することができたりしますし、その笑顔はみんなにうつり、その場のムードが明るくなります。また、初対面で褒められると、「この人は自分を認めてくれた」という思いが潜在意識に残るため、褒めてくれた人に対して心を開くという良い効果もあります。

「人を褒める」ということは、物事のいい側面を見る練習にもなりますから、ポジティブ脳を作るのにも、大いに役立ちます。

一日一褒めを目指しましょう。身近な人だけではなく、細やかなサービスをしてくれた飲食店などの店員さんにも、感謝を伝えてみましょう。褒め慣れてくると、相手の笑顔を見るのが楽しくなってきます！

17

大事なのは、
今、
このとき!!

♥

Ahn's Wisdom

夢や目標を持つのは、未来をより良く過ごすためには大切なことです。

しかし昨今、高齢化、少子化、年金問題……未来に不安を覚えるニュースをたくさん見かけますよね。そうした〝不安〟に備えるがために、〝今〟を謳歌《おうか》できていないとしたらそれはとても残念なことです。

〝今〟の楽しさを知らなければ、未来の楽しさを作ることはできない、と私は思っています。今が楽しくないのに、どうやって未来の楽しさを想像できるというのでしょうか。

今が充実してこそ未来に希望や夢が持てるのではないでしょうか？

私はよく「未来は現在からの贈り物」という言い方をします。英語では「現在」は「present」。「贈り物（プレゼント）」とまったく同じスペルです。

つまり、**今、この瞬間を充実させることが、いい未来を作る**ことになる、ということ。例えば、今、この瞬間にポジティブでいるということは、未来の自分にもどんどんポジティブを贈っていることになるわけです。

だから私は声を大にして言いましょう。

大事なのは、今、このとき!!ですよーっ。

18

自分勝手になっていませんか？

♥

Ahn's Wisdom

携帯電話が普及して、いつでもどこでも人と繋がる世の中になって、自分も含め、みんな、ちょっとずつ自分勝手になっているような気がしてなりません。

伝えたいことは、思い立ったときにメールを送っておけば済む。電話と違い、相手が今何をしているか、などに思いを巡らせる必要はなく、自分の都合だけで送ることができるのが、メールの利点です。でも、それだけに、自分中心に考えがち。すぐにメールの返信がないと腹を立てたり、不安になったりすることも。

また、携帯電話の画面を見ながら道を歩いていて人にぶつかると、相手に非難の目を向けてはいませんか。携帯電話の予定表に分刻みで入れた自分のスケジュールに、誰かを無理やり合わせさせようとはしていませんか。「会うなら、この日の午後1時から2時までの間で」などと一方的にメールを送りつけたりしていませんか。

かつては、「今、大丈夫かしら」と相手を慮《おもんばか》りながら電話をかけました。自分がよそ見をしていて人にぶつかったら謝りましたし、スケジュールも、互いの予定を、すり合わせて決めるのが普通でした。昔がすべて良かったとは言いません。でも、便利な時代だからこそ、「自分勝手になってない？」と自身を振り返ることも、必要ではないでしょうか。**「便利」は、より相手への思いやりや配慮を持って扱わなければ難しいツール**だと、つくづく感じる今日この頃です。

19

「いいな」は原動力に!

♥

Ahn's Wisdom

他者と共存しながら生活をしていると、人と自分を比較してしまい、人を羨む気持ちが生じてくることがあると思います。

もちろん、私にも、誰かのことが羨ましいなと思うことはありますが、そんなときも私は、**真正面からその人に「素敵ですね」と素直に気持ちを伝える**ことにしています。もちろん、無理をしているわけでも、お世辞を言っているわけでもありません。その人の素晴らしいところ、羨ましいところを素直に認め、相手の懐に入っていくというのでしょうか。そうすれば、相手も「あなたも素敵よ」などと、こちらのいいところを褒めてくれ、自分の良いところを発見できたりもします。私には、そんな素晴らしい友人が大勢います。

「いいな」と思ったとき、その人のことを横目でそっと見るのは、妬み、嫉《そね》み、ネガティブの始まり。自分の心にそんな感情を根づかせたくなければ、人を羨む気持ちが生じたときは、その人を真正面から見て、「いいな」の思いを素直に伝えるのが賢明です。ＳＮＳで「いいね！」を押すような感覚で、直接「いいな」を言える自分でいましょう。

もし妬みを感じたら、自分磨きの原動力に変えてください。「あの人の素敵なところを私も見習おう！」というパワーに変換するのです。

20

指先から
幸せを作る。

♥

Ahn's Wisdom

人が一日に、一番多く自分で見る体のパーツは〝手〟なのだそうです。

せっかく毎日見るのなら、手からポジティブエネルギーを受け取りたいですね！　手、指の所作を美しくすることで、毎日を優雅な気持ちで幸せに過ごしましょう。

まずは、頭のてっぺんから尾てい骨まで一直線になるようなイメージでスッと伸ばし、姿勢を整えます。次に脇を締めて、手指を美しく見せる準備は完了です。体の芯が整うことで、末端の指の動きがムチのようにしなやかに見え、美しい所作が引き立つのです。

何かモノに触れる際には、一番長い〝中指〟と〝薬指〟で触れるよう意識してみましょう。モノを取るときは、この2本の指と親指とでティッシュを取るような〝キツネの影絵遊びの手〟の動きで取ります。すると、その指の使い方だけで、その人自体がとても品良く優雅に見えるだけではなく、自分自身もゆったりと落ち着いた気持ちになるから不思議です。**所作の美しさは心と密接に繋がっている**のです。

ちなみに、人さし指でモノに触れようとすると、動きが雑になり、モノを〝つかむ〟手になってしまい、人を指さすクセもついてしまうので気をつけてくださいね。

優雅な指と手の動き、たったひとつで、心もゆったりとしたリズムになり、品格も上がります！　すぐに実践してみてください♡

21

誘いに
乗ってみる

♥

Ahn's Wisdom

その人らしさや、個性を発揮できる職業を見つけるのに、おすすめの方法が！
それは〝誘われたお誘いには乗ってみる〟ことです。〝誘われる〟ということは、そこに、あなたに相応しいご縁と役割があるということです。

誘う側から見ると、その場や目的、メンバーとの相性が合うかどうかを慎重に考えて選び、あなたを誘っているはずです。あなた自身では気づかない、身にまとっている空気感や会話の内容、立ち振る舞いが、「この人なら来てもらっても、みんなと和合して楽しんでくれる」という安心感があるから、誘われるのだと思います。

お仕事の話もそうです。〝ちょっとこれ、手伝ってくれない？〟と言われる仕事には、〝あなたならきっと役に立ってくれる〟という、あなたの個性を通した期待が、交じっています。**〝求められる〟ということは、〝役に立てる可能性〟がある**ということなのです。それは、自分ではなかなか見えないものです。

誘われた背景には、あなた自身では気づかない、あなたの魅力や個性が潜んでいます。そこに参加してみることで、似たエネルギーの方々とのご縁も紡ぐことができます。

しかし、お金が多額に発生するような誘いや甘い話、そして利用されそうなお誘いには注意を！　あくまで安全そうな、信頼できる方からのお誘いのみに限ります（笑）。

22

思い巡らせる。

♥

Ahn's Wisdom

思い巡らせる。

私が大好きな言葉のひとつです。

思い巡らせる。

他者と共存して生きていくうえで、とても大切なことだと思います。

例えば、誰かの言葉にカッとなったり、悲しくなったりしたとき、その感情を即座に相手にぶつけるのではなく、その言葉を一度引き取って、「なぜ、この人はあんなことを言ったのだろうか」などと思い巡らせてみる。そうすると冷静にもなれますし、相手の身になって考えることもできます。結果、自分の受け取り方が間違っていたことに気がつく場合もあるでしょう。相手の言葉の裏に「愛」があったことを発見するかもしれません。また、どうしても納得できないと思えば、その気持ちをどう伝えれば理解が深まるか、言い方の工夫をすることもできます。

思い巡らせているうちに、「なんで？」「どうして？」が徐々に消えていくこともあるでしょう。それもまた、思い巡らせることの効果です。

スマートフォンとSNSの普及で、世の中はどんどん便利に、そして、忙しくなっています。それだけに、みんな、思い巡らせることが少なくなっているように思います。だからこそ、今、【思い巡らせる】ことを意識してほしいのです。

23

幸せの始まりは
“柔らか頭”から。

♥

Ahn's Wisdom

例えば、「女性の幸せは結婚して子どもを産むこと」と思い込んでいる独身女性がいるとします。彼女にとって、「女性の幸せは〜」という信念が、原動力になっているのは確かでしょう。でも実は、この信念は〝決めつけ〟と言い換えることもでき、結果的に幸せの邪魔をする場合があります。

「女性の幸せはこうだ」と決めつけすぎると、視野がどんどん狭くなってしまいませんか？「結婚して子どもを産むこと」が女性にとっての幸せだとすると、それが手に入らないと幸せじゃないということになります。もし運命の相手と出会えなかったら……。結婚できたとしても、もし子どもに恵まれなかったら……。「女性の幸せは結婚して子どもを産むこと」と決めつけていると、幸せを感じる幅を狭めることになってしまうのです。

女性の幸せに限ったことではありません。どんなことでも、決めつけはポジティブから遠ざかります。**あることを決めつけると、アンチも生じてきます**から、「許せない」、「受け入れられない」人や事象なども増えてきます。それは、自分の視野や可能性を狭めることにもなるのです。

幸せは、〝決めつけない〟柔軟な姿勢、つまり、〝柔らか頭〟から始まります。

24

人にさす指を
自分に向ける。

♥

恋人に振られたり、仲良しだった友だちに裏切られたり、会社の同僚から意地悪をされたり……。何か良くない出来事に遭遇すると、そんな自分をかわいそうと思い、「よしよし」してあげたい気持ちになるのもわからなくはありません。

でも、「あんなことをされた、こんなことをされた。なんで私がこんな目に遭わなきゃいけないの!?」という被害者意識は、「なんで、どうして?」に囚われすぎて、その場で足踏みしているようなもの。それでは、いつまで経っても前には進めません。

被害者意識を持つ人は、人に同情して欲しいという思いも潜在意識にあるのかもしれませんが、「かわいそう」の言葉をかけられると、「そうでしょ、私、ツラインです……」と悲劇のヒロイン度が増し、被害者意識はますます強くなります。そして、その気持ちは「許せない」、「ひどい」と相手を責める気持ちに変わり、まわりを巻き込んでの争いや隔たりが生じることも。

不本意な出来事に遭遇したときは、まずは自分の胸に手を当ててみましょう。人にさす指を一度自分に向けてみるのです。すると、「私にも原因があったかも」、「相性の問題かも」などと、客観的に見えるものが必ず出てきます。

被害者意識は幸せから遠ざかる第一歩。幸せに近づくためにも、被害者意識から自分自身を解き放ってあげましょう。

25

ポジティブな逃避行を。

♥

Ahn's Wisdom

受け入れる、向き合う、認める――。ポジティブというのは、基本、このような前向きの姿勢です。でも、**長い人生の中では「逃げる」ことも、ときとして必要だ**と思っています。

「なんだ、アンさん、意外にネガティブなところもあるんじゃない」と笑われそうですね。はい、もちろん、私にだってネガティブな部分はあります。ですが、ここで言う「逃げる」は、決してネガティブなことではなく、**「ポジティブな逃げ」**のことなのです。

例えば、私は嫉妬のエネルギーを感じると、その人と距離を取るようにしていますし、「この人のそばにいると大やけどしそう」と思う人からは、逃げていることを悟られないよう（笑）、正面を向いたまま後ずさりして、だんだんと遠ざかることにしています。これはポジティブな逃避行です。

また、嫌なことを考えそうになったとき、あえて楽しいことを思い浮かべたり、実際に楽しいことをして、ネガティブな感情をかき消すのも、忙しさで心が窮屈に感じたときに気分転換で旅をするのも、ポジティブな逃げですね。

一般的に、逃げるのは卑怯などと言われますが、「ポジティブな逃避行」なら、逃げるが勝ちです。

26

ひと休み、
ひと休み。

♥

Ahn's Wisdom

スウェーデンには「フィーカ」という〝ゆとり習慣〟があります。

仕事の合間にも、15～30分程度のフィーカを挟み、甘いおやつを囲んでコーヒーを飲みながら、仲間とコミュニケーションをはかるのだそうですが、これが、確実に仕事の効率をアップさせるのだとか。

長い時間仕事をすると、頭が緊張して酸素が運ばれず、ミスをしがちです。呼吸も浅くなり、忘れ物も多くなります。人間関係でも余裕がないと、優しい言葉が言えなくなったり、対応がおろそかになることも……。

物事をポジティブに捉えるか、ネガティブに捉えるかは、自分の心持ちひとつです。例えば、コップに水が入っている状態を「半分もある」と見るのか、「半分しかない」と見るのか。どちらに受け取るかは、そのときの、その人の状態によることも大きいのではないでしょうか。いつもなら「まだ半分もある」と思うのに、体調が優れなかったり、虫の居所が悪かったりすると、「もう半分しかない」とネガティブに受け取ってしまう……。自分をつねに「半分もある」と思えるコンディションに整えておきたいですね。

そのためには、どんなに忙しくても、ひと休み、ひと休み。**休めないときは、ときどき深呼吸。**あなたも今、ホッとひと息ついて深呼吸してみましょう。

27

独り占めはひとりぼっち。
シェアすれば
無限にハッピー。

Ahn's Wisdom

幸せは誰かとシェアすることでより広がっていくものです。

「ひとりだけ幸せ」はありえません。独り占めしようとすると、最終的にはひとりぼっちになってしまって、本当の意味での幸せは得られない……私はそう思っています。「私だけが知っている店」、「私だけが知っているメイクのワザ」など、「私だけ」は、情報シェアのこの時代、もう無理な話です。ならばシェアしませんか？

幸せをシェアする――。それは、そんなに大げさなことではありません。

美味しいレストランや可愛らしい雑貨屋さんなどを見つけたら、仲良しの人に教えてあげる。旅行に行ったら、ちょっとしたお土産を同僚に買う。多めに料理を作ったら、子育てを頑張っている友だちにおすそ分けする。

どんなに小さなことでもいいのです。ちょっとした心配りで周囲の人を喜ばせる。それが、幸せをシェアするということだと思います。自分が何かをすることで誰かが喜んでくれる。その人の喜ぶ顔が見えると、それだけで嬉しいし、「ありがとう」の言葉があると、より幸せが自分のまわりで循環します。みんなが「幸せをシェアしよう」精神に溢れていれば、「ありがとう」という波動の高い言葉が飛び交い、その場はハッピーオーラに包まれます。

幸せをシェアするだけで無限にハッピーになるのです。

28

「感謝＋提案」で伝え上手に。

♥

Ahn's Wisdom

ビジネスでもプライベートでも、人との付き合いの中で我慢しすぎないというのはポジティブ脳の基本です。相手に伝えたいことがあれば、飲み込まず、きちんと伝えるべきだと思います。ただ、相手にとってイヤなこと、耳障りであろうことを伝えるときは、禍根《かこん》を残さないためにも、ちょっとした心配りや工夫が必要です。まず、相手への日頃の感謝を口にするなど、ポジティブなことを先に伝えるのがいいでしょう。

「先輩、いつも力になってくださって、ありがとうございます。今日のプレゼン最高でした」

例えばこんなふうに、**最初に相手にとって心地良い内容を言っておくと、相手の心は緩みますし、話を聞く姿勢にもなってくれます。**相手が心を開いてくれたら、本題を切り出してみましょう。このとき、希望的観測を含む提案型の言い方をすることがポイントです。「こうしてくれないと困ります」ではなく、「そういえば○○の件ですが、このようにしてもらえると、とても嬉しいです」というような表現です。ちなみに、クレームを先に言ってから、あとのフォローで賛辞を並べても、ほとんど効果はないそうです。人は第一印象が頭に残ると、あとの話は半分入ってこないのだとか。「感謝（または褒める）＋提案」で伝え上手になりましょうね。

29

言《こと》霊《だま》を信じて
ポジティブ言葉だけを
口にする。

♥

Ahn's Wisdom

日本では、古来、言葉には不思議な力が宿っていて、発した言葉の影響を強く受けると言われる〝言霊《ことだま》〟を大切にする文化・習慣があります。

言霊と同じように、ハワイには、和解と許しの習慣「ホ・オポノポノ」があり、心を浄化するセルフクリーニングとして、私も日頃から実践しています。

「ありがとう、ごめんなさい、許してください、愛しています」の4つの言葉を繰り返し唱えるのですが、私はこれにアレンジを加え、「嬉しい、楽しい、幸せ、平和、ツイてる、笑顔」をプラスしています。言葉の力はすごいパワーで無意識に潜在意識に働きかけ、気持ちがポジティブに向かい、幸せな人生に導かれそう！

反対に、「ついてない」、「許せない」など不平不満や愚痴、泣き言、悪口、文句などの、**〝ネガティブ言葉〟ばかりを使っていると、運は逃げていきます。私は言霊を信じていますから、極力ネガティブな言葉は口にせず、ポジティブな言葉だけを使おうと心がけています。**あなたはどうですか？　無意識のうちに、ネガティブな言葉を使っていませんか？　意識していないと、ついネガティブな言葉を使ってしまうという人は、「今日一日、イヤな言葉を使いません」、「今日は楽しい言葉だけを口にします」などと、朝、誓ってから出かけるようにしてみませんか。

30

夜は
幸福感を高める。

♥

Ahn's Wisdom

夜に考え事をする人は多いと思います。一日の仕事が終わって家に帰り、夕食をとって一段落。本当なら楽しいことを考えたいはずなのに、悶々としていたことが一気に噴き出してきて、頭の中を駆け巡り……。

常々、私は、自分の感情にはしっかり向き合うことが大切だと言っていますが、この場合は例外です。特に、クヨクヨ悩む傾向にある人は、夜に考え事をしないのが賢明でしょう。夜の空の色は濃紺ですが、これは、ひとりでじっくり考えにふける色だとされています。つまり**夜は、考えがどんどん内側に向かう時間帯。頭の中で延々と自問自答を繰り返し、モヤモヤのスパイラルに陥りやすい**とされているのです。

夜は、心身を休めるための大事な時間です。思考をいったん停止するのが理想ですが、悩みすぎて眠れないときもありますよね。そんなときは、すんなりと眠りに落ちることはできなくても、落ち着ける音楽を流す、好きな香りに包まれる、触り心地の良い素材に包まれるなど、せめて、自分を心地良い環境に置いてあげる工夫をしてください。それでもダメなときは巡る想いを紙に書き出す作業を。そして光に包まれる朝に見直してみてください。

夜の負のスパイラルに気づくことができて、冷静にポジティブな修正ができますよ。

31

姿勢を良くするだけで脳はポジティブになるんです!

Ahn's Wisdom

所作がキレイな人はイライラしにくいと言われています。それは、所作が美しい人は、姿勢もキレイだからです。姿勢、呼吸、所作の3つは、深く関わっていることをご存知でしょうか？

姿勢が良いと、肺が広がり、空気をたくさん取り込むことができます。体の中心の芯もしっかりするので、指先、体の力が抜けて、所作がしなやかに美しくなります。

座禅の世界では「調身、調息、調心」という言葉があり、この3つが揃うと、心安らかな境地に至ることができるそうです。形を整えれば、自然に心も整い、所作を美しく過ごすと、心も美しくなるのだそうです。

人の第一印象はたった7秒で5割が決まり、半年もの間、脳裏に焼きつくと言われています。姿勢が良く清々しい笑顔の人は、相手の脳裏にポジティブな印象を半年もの間、与え続けるのです。

ならばまずは今日一日を、姿勢を良くして過ごしませんか？

32

「糠に釘」の
「糠」になる。

♥

Ahn's Wisdom

近頃、〝マウンティング〟という言葉を耳にする機会が多くなりました。マウンティングとは、「相手より自分の方が優位だと示すための主張や行動」のこと。誰かの話に便乗して、自分の優位性をアピールする行為として、最近指摘されるようになってきました。誰でも、楽しく話が盛り上がっているときに、〝自分のほうが優れている〟というような話を急に挟み込まれたら、良い気はしないでしょう。しかし、その人を無視しても角が立ちますし、ムキになると戦いになってしまいます。

なので、マウンティングが始まったら「へー！ それでそれで？」と、面白く盛り上げて、素早く会話を切り上げてみてはいかがでしょうか。やんわり受け止めて、相手の勢いを削ぐということです。

【糠に釘】ということわざがありますが、相手が【釘】ならあなたは【糠】になる。あるいは【のれんに腕押し】の【のれん】になる。敵を大きな器で包み込めば、相手は力が抜け、戦う意欲を失うはずです（**そもそも勝ちたがる人は自分に負けています。そのマイナスエネルギーに引っ張られないように、とぼけることも大切です**）。

ちなみに、無意識に自分もマウンティングしてしまわないように、意見を押しつけていないか、人の話を遮ってまで自分の話をしていないか、自慢話が多くなっていないか、に気をつけてみましょう。

33

個性が強くて面倒な人は「ポップ!」でやり過ごす。

Ahn's Wisdom

人生は人間交差点。世の中にはいろいろな人がいて、様々なことが起こります。人は決して自分の思い通りにはならないし、自分の身に起きることも、もちろん、必ずしもいいことばかりとは限りません。私も、それは頭ではわかっていますが、「どう考えても、この人の言うことや、やることが理解できない」という人に遭遇したことがあり、そのときには、心穏やかではいられない自分がいました。

そんなある日のこと、嘘の言い訳をされ呆れ返った私は、ある信頼できる人に「聞いてくださいよーっ」と鼻息荒く一部始終を話しました。すると、その人は「うん、うん」と頷きながら私の話を聞いてくれて、最後にさらっと言ったのです。「彼の言い訳はさ、ポップなんだよね」と。

ポップ……！　この言葉を聞いて、私は一気に気持ちがラクになりました。

「彼の言い訳、サイテーね」などと、気を遣って、悪口を一緒に言ってくれる人もいるでしょう。しかし、そうすると、怒りが再燃してしまいます。「ポップ」の一言は、的を得ているし、何よりユーモアがあります。それからは、変な言動をされても「いったい何なの？」と深く考えるのはやめ、「この人はポップすぎてわからん」と面白がって、やり過ごすことにしたのです。

ポップ。個性が強くて面倒な人は、このひと言に尽きます！

34

笑顔インフルエンサーになろう。

Ahn's Wisdom

最近、チャリティ・ゴルフでプロゴルファーの方とラウンドさせていただく機会がありました。私が一緒に回った方は、終始、弾けるような笑顔。「笑顔が素敵ですね」と伝えると、その方はおっしゃいました。

「実は僕、普段はあまり笑わないんだけど、キミがあんまり笑うから、こっちまで笑顔になっちゃって」

これを聞いて、私はとても嬉しくなると同時に、「笑顔はうつるのよ」という、私に笑顔の大切さを教えてくれた母の言葉を思い出しました。

人と人とは鏡。相手が笑っていたら自分も笑顔になるし、自分が笑えば相手も笑う。だから、もし相手が不機嫌そうな顔をしていたら、まず、自分から笑顔になりましょう。相手に笑顔が伝染し、きっと、その場には和やかな空気が流れるはずです。そして、自分の笑顔によってその場の空気が変わったことで、あなた自身も嬉しくなって、さらなる笑顔に……。笑顔はポジティブな循環を生み出します。

反対に、怒りはネガティブな循環を作り出してしまいますから、要注意。笑顔はうつりますが、怒りも然りで、誰かひとりがイライラしたり、カッとなったりしていると、そのネガティブな感情は周囲に伝染してしまうのです。同じ伝染するのであれば、【笑顔インフルエンサー】になりましょう。

35

あなたの「常識」は、他者にとっても常識ですか?

Ahn's Wisdom

少し前に、驚くことを耳にしました。「いきなり携帯に電話をかけられるのは混惑するから、電話をかけてくるなら、その前に電話することを伝えるメールをくれないと困る」と、若い世代の人たちの多くは思っているというのです。この話を聞いて、びっくり。「え、電話って、そういうものだっけ!?」と、私は戸惑ってしまったのですが、周囲の若い人たちに聞いてみると、確かに、「突然の電話は迷惑」と感じている人が多かったのです。

私はメールはとても便利なコミュニケーションツールであるとは思っていますが、大事なことは電話で話すほうが伝わると思っている世代です。

コミュニケーションツールに対する考え方の世代間ギャップ。これはもう、どちらが正しいという問題ではない気がします。「育った環境が違えば、価値観や考え方も違って当たり前」ということの、ほんの一例でしょう。これからのビジネスの場では、SNSに関しての感覚の確認を事前にしておくとコミュニケーションがスムーズに行くかもしれませんね。

何に対しても、自分にとっての「常識」は、他者にとっての常識とは限らない。そう思って暮らしていれば、「何!? この人」と、いちいちイライラすることもなく、平穏な気持ちで過ごせるのではないでしょうか。

36

人のお役に立つよう
利他で働く。

♥

Ahn's Wisdom

「働く」という文字は「人が動く」と書きます。

「仕事」は「事に仕える」と書きます。

他の人が喜んでくれるように、喜んで事に仕える気持ちで働きましょう！

自分が楽しむのは【趣味】ですが、その趣味を他の誰かが喜ぶことに使えば、それはたちまち社会と手を繋ぐ【仕事】に変わります。

視点を【我】から【皆】へ変える、他の方が喜ぶ【利他】に変えてみるだけで、幸せは回っていきます。

【喜怒哀楽】という言葉がありますが、人の感情はこの4つだけではなく、何十、何百とあるはずです。しかし、これだけの豊かな感情は、人と関わってこそ生まれるものはないでしょうか？

私は父にモデルになる覚悟を話した際に「社会のお役に立つ人になるために、新聞を毎日読んで、社会の流れを理解し、そこで社会や人のお役に立てそうな資格を取り続けること」を条件に出され、約束し、実践しました。

人のお役に立つ【利他】を大切にしていた父らしい助言のおかげで、今、こうして幸せに働かせていただいていることに心から感謝しています。

37

握り締めたコブシを開くと
たくさんの恵みを
受け取れる。

♥

Ahn's Wisdom

近頃、コブシをぎゅっと握り締めている人がとても多い気がします。

ぎゅっと握り締めたコブシとは、頑なな心のこと。「私はこういうのは苦手だから」、「あの人はああいう人だから」などと決めつけてはいませんか。**決めつけることで、いろいろな価値観を知るチャンスを失ったり、自分の可能性を狭くしたりしている人は少なくない**と思います。

男性から「荷物を持ちましょうか」と言われても、「いえ、大丈夫です」と可愛くない対応をしたり、「その洋服、よくお似合いですね」と褒められても、「そんなことないです。お世辞はいいです」と照れ隠しで素っ気なく言ってしまったり。

こうした態度も、握り締めたコブシのなせるワザ。本人にとっては、遠慮や謙遜のつもりでも、このような頑なな対応は、相手の好意を無にするうえに恥をかかせてしまうことに。目の前に素敵なご縁があるのに、心を閉ざすことで、自ら、そのチャンスを棒に振っていることもあるかもしれないのです。

頑なである限り、世界はそこから広がりません。コブシの力を緩めてみましょう。私たちの目には見えないだけで、天からはつねにたくさんの恵みが降り注がれています。握り締めたコブシを開くと、ご縁やチャンスなど、様々な恵みを受け取ることができるのです。

38

「期待」ではなく、「希望」を持ちましょう。

♥

Ahn's Wisdom

私がここまで考えているのだから、あの人もきっとわかってくれるはず――。

人に対して、このように思うことはありませんか。いわゆる「期待」です。「これだけ好きなんだから彼も応えてくれるはず」、「あの人のためを思って忠告したんだから、きっと変わってくれるはず」……。この世の中には、人々の思いが「期待」という二文字になって飛び交っています。

一見、「期待」という行為は前向きで、とてもポジティブに思えます。でも、よく考えると、**「期待」は自分の思いや想像を相手に一方的に押しつけるという、自分勝手さも持ち合わせています。**では、何事に対しても淡い願望を持ってはいけないかというと、そうではありません。どこかに〝光〟を見出して生きていくことが大切です。

「期待」ではなく、「希望」を持ちませんか？

例えば、会社に合わない人がいる。自分から歩み寄るにしても、「相手が変わってくれるはず」と思っての行動は自分勝手な期待ですが、「私たちの関係が改善されるといいな」と祈り、願ってあげる思いは希望です。

自分が好きでしたことに、相手の反応や結果を期待して「一喜一憂」しないこと！　期待ではなく希望を持ちましょう。

39

「そうよね、わかる」は
万物への
共感言葉

Ahn's Wisdom

人の悩みの9割は人間関係と言います。

実際に、身近な人から相談を持ちかけられて話を聞いてみると、ほとんどの場合が、誰かとのミスコミュニケーション……ということが多いようです。

世の中には、必ず反対意見と肯定意見があります。

みんな自分が良かれと思って伝えているので、どの意見も否定することもできません。でもつい、自分の意見に自信があり、熱が入ったときには〝それ違います！〟と言いたくなることも。

人間関係を円滑にしたければ、どんな意見や話を聞くときにも〝そうですよね、わかります〟とまずは言ってみませんか？

人は自分のことをわかって欲しい生き物です。そして女性は特に共感して欲しい性質があります。だからこそ、【そうですよね、わかります】の一言を会話の枕詞にするだけで、相手も自分も楽になり、空気に丸みが生まれるのです。これは、私が大好きな実業家の斎藤一人《ひとり》さんもおっしゃっています。

「人の話を聞くことは、最大の徳積み」と言います。

まずは優しく聞く姿勢を作る〝そうよね。わかるよ〟を、今日から使ってみませんか？　この言葉は、自分や植物、ペットにも使うことができます。

40

目線を変えた瞬間、
見える景色が
違ってきます。

Ahn's Wisdom

例えば、風景。

「このアングルから見ると何の変哲もない景色なのに、こっちのアングルから見てみると感動的なまでに美しい」というのは、珍しいことではありません。この現象は、風景に限ったことではなく、すべての物事に当てはまると思います。

誰かの言動も、真正面からストレートに捉えると、腹が立ったり、悲しくなったりすることも、ちょっと違う角度から見てみると、「そっか、あの人は、こういうことを言いたかったんだ、悪気はないのね」と思えることもありますよね。

あるいは、「この発言には腹が立ったけれど、この人、いいところもいっぱいあるし」と許せることもある。

自分の身に起こる出来事も同じです。**ある側面から見れば「失敗」だったとしても、違う側面から見ると、何かの学びがあった分、「成功」と受け取ることができたりもします。**

そんなふうにちょっとだけ意識して目線を変えてみませんか。見える景色が不思議なくらい違ってきますよ。

41

「不安」は自分を
見つめ直す
チャンスです。

Ahn's Wisdom

人は誰でも不安になることがあります。

例えば、仕事で人と比較して焦ったり、恋愛がうまくいかずに自信をなくしたり……。また、「このままでいいのだろうか」などと漠然とした未来への不安を感じる場合もあるでしょう。

いずれにしても、もし、不安な気持ちに支配されそうになったら、その事実から決して目をそらさないでください。安心できない理由は、自分に心当たりがあるものです。不安のもとになっていることとまっすぐ向き合い、理由に気づいたら改善していきましょう。

あなたが抱えている不安は、「今のままではいけない」ことをあなたに気づかせてくれているのです。

不安に翻弄されるだけで何も行動しなければ、不安はただのネガティブな感情に過ぎません。でも、「この不安をなくすにはどうしたらいいのか」と考えて行動を起こせば、必ず状況は変化します。

一歩前に進むのは、とても勇気がいることですが、状況を変えることができるのは、あなただけです。不安は自分を見つめ直すチャンスです。

不安を「新しい世界への第一歩」にするかどうかは、あなた次第です。

42

能天気。
素晴らしい才能では
ないですか!!

♥

Ahn's Wisdom

能天気、脳天気、ノー天気。いずれも、頭の中がよく晴れているという意味で、転じて、悩みごとも何もないハッピーな人、呑気とかお気楽な人を指します。

人が誰かのことを「あの人は能天気よね」などと言うときは、たいがい揶揄《やゆ》など否定的な意味が込められているのではないでしょうか。「能天気」は、あまりいい意味で使われることがないように思います。

でも、私は、「能天気」は、素晴らしい才能だと信じています。

能天気な人は、切り換え上手で、自分で自分の機嫌がとれる人だと思うからです。だから、頭の中が澄み渡ってすごくシンプルで、天使のような存在です。身近に能天気な人がいたら、その才能を見習いましょう。みんなが能天気になれたら、世の中はポジティブなオーラで満たされるのではないでしょうか。ちなみに逆にいつも機嫌が悪い人とは上手に距離を取りましょう。不機嫌な人はなかなか直すことができないうえに、イライラの気は移ってしまいます。

能天気な人というのは、その人がその場にいるだけで、みんな、なんだか拍子抜けして、ほんわかしてしまう、そんなすごい才能の持ち主です。あなたも自分の機嫌は自分でとり、能天気なポジティブを目指しましょう。

43

怒りは翌日に持ち越さないで! 就寝前は「HLLSPD」

♥

Ahn's Wisdom

ダンナ様の実家の家訓のひとつに、「怒りを翌日に持ち越さない」があります。それを刷り込まれている彼は、夜、私が少しでもイライラしたりしていると、「笑ってから寝ようね」と言って、楽しい映像、バカバカしくて笑える映像、癒やされる映像などを流してくれます。

幸い、我が家の場合、夫婦喧嘩をすることはめったにありません。ただ、仕事が忙しかったりして、寝る間際までお互いが苛立っていることは、ままあります。そんな小さなストレスや怒りも、「絶対に抱えたまま寝ないで」とダンナ様は言うのです。

確かに、怒りを抱えていると、安眠が得られません。そのうえ、漢方では、怒りは肝臓や目にも悪いとされています。怒りを抱えたまま寝ることが、いかに体のために良くないか、わかりますよね。

ダンナ様の家は100歳以上生きる、長生きの家系ですが、彼に言わせると、その鍵を握っているのが「怒りのコントロール」のおかげ。怒りを翌日に持ち越さないから、いつまでも健康で長生きできるのだとか。

ちなみに、私たち夫婦は、毎晩、「HLLSPD」と唱えてからベッドに入ります。これは、Happy、Lucky、Love、Smile、Peace、Dream の略。……おかしな夫婦です（笑）。

44

人生はブーメラン。
シンプルです。

Ahn's Wisdom

〈褒め言葉、愛、批判、お金、時間、スペース、力、罰、悲しみ、笑い、思いやり、痛み、あるいは喜び――それが何であれ、あなたが与えれば与えるほど、あなたは同じものをより多く、受け取るでしょう〉

これは、私が好きな本『宇宙からの手紙』に書かれている一節です。

慈しみの心を持つ人のまわりにはいつも愛が溢れていたり、いつも朗らかな人のそばでつねに楽しそうな笑い声が響いていたりするのは、そういうことだったのか……。冒頭の言葉に初めて出会ったとき、私は妙に納得できました。

良くも悪くも自分が与えた分だけ自分に戻ってくる。いいことをすれば、それだけいいことが自分にも起きるし、悪いことをすれば、最終的に、それも自分が受け取ることになる――ということです。

「どうして私ばっかりこんな酷い目に遭わなくてはいけないの!?」と思える出来事も、自分が誰かに与えたものが戻ってきただけのことかもしれません。

人生はブーメラン。自分が投げたブーメランは、必ず自分のもとへ戻ってきます。だったら、いいことだけを人に与えよう。そう思うと、毎日、ポジティブな気持ちで過ごせます。欲しいものは与えることから始めましょう。人生は、あなたが思う以上にシンプルです。

45

3つを磨いて
運をUP!

♥

Ahn's Wisdom

「運」というものは、
字のごとく「運び」、
「運ばれてくる」ものだと思っています。
自分の努力で【運】び、
人に【運】んでいただき、
目に見えない力──
神様やご先祖様──が
【運】んでくださるものです。
ひとつだけではなく、
3つを実践することがとても大切です。
目に見えないものを信じる力、
大いなるものにゆだねる素直な心も……。
運を良くしたい、
幸せを感じたい、
未来を明るいものにしたい人は、
この3つを大切にしてくださいね。

46

挑戦は宝。

Ahn's Wisdom

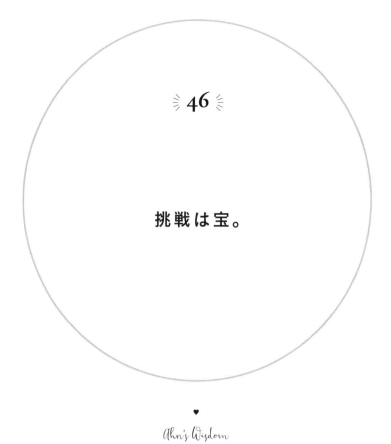

私は29歳のとき、父の死を機に韓国へ留学しました。悩んだ末の決断でした。

その頃、私は大阪での仕事が増えつつあり、ある程度の安定がありました。当時はまだ韓流ブームの前で、韓国留学をする人はかなり珍しい時代。今の安定を手放してまで韓国に行くことは正解なのだろうか……。韓国留学への希望と、安定を手放す恐れとの板挟みになっていたとき、私が尊敬する、ある歌手の方に相談したところ、その人は、次のようにおっしゃいました。

「自分が挑戦しないままだったら、同じ挑戦をして成功した人を妬むことになる。でも、思い切って挑戦したら、たとえ失敗に終わったとしても、その挑戦の大変さがわかるから、成功した人を素直に認められる人間になるよ」

私は、この言葉に背中を押されて留学を決意しました。もちろん、そうして良かったと今でも強く思っています。

人は、「やった後悔」よりも「やらなかった後悔」のほうが深く残ると言います。挑戦を諦めることは、不安に負けているのと同じで、「やらなかった後悔」が残ります。でも、**思い切って行動を起こせば、納得のいく結果が出なくても、その挑戦は「経験」という「宝」になります。**経験からは工夫と知恵が生まれ、それは、必ず将来の自分の力になってくれるのです。

47

会話上手は、
笑顔と相づちと
質問上手です。

♥

Ahn's Wisdom

〝会話上手な人〟というと、〝話し上手〟という印象があります。でも、本当にそうでしょうか。会話は「話す人」と「聞く人」がいてこそ成り立つもの。聞く人も会話上手なのではないでしょうか。

私が抱えていたコンプレックスを解消するために、**「4つの魔法（姿勢を良くする、口角を上げる、相手の目を見て話す、人の話をちゃんと聞く）」**を教えてくれた母は、〝会話上手〟についても教えてくれました。

母によると、会話上手とは、

・笑顔は相手にうつり、それが自分にもうつり、回り巡ってみんなの心を開く。
・頷《うなず》きや相づちは「あなたの話を聞いていますよ」という意思表示で、話の大切な潤滑油。
・質問されることで、相手も気持ち良く話せて、気づきが生まれ、会話にも新たな展開がある。

そう、真の「会話上手」とは、笑顔と相づちと質問上手な人のこと。話すのが苦手な人は、この3つを磨けば十分です。たくさん話そうと無理をしなくていいのです！　自分に合った会話術を身につけましょう。

48

疑うより
信じませんか。

本当に便利な世の中になりました。自宅の電話&公衆電話の時代から、あっという間に携帯電話が普及。電波の状況も飛躍的に改善され、今では、どこでもほぼ繋がります。でも……。私たちは「繋がって当たり前」の「便利」に翻弄されすぎてはいないでしょうか。

例えば、パートナーの携帯に電話をして繋がらないと、「今どき、電波なんてどこへでも届くはずなのに、どうして繋がらないの!?」と苛立ったり……。そのイライラは、簡単に疑いに変わります。「なぜ私からの電話に出ないの？　もしかして、誰か別の女性と会っているの？」と。

ただ単に彼は仕事中や移動中で電話に出られないだけなのかもしれません。冷静に考えればわかりそうなものですが、「いつでも繋がって当然という便利さ」が、「相手の状況に思いを巡らせる想像力」を削いでいるように思います。

疑うのは簡単です。ですが、**便利さに振り回されて負の感情を背負うより、相手に思いを巡らせて信じるほうが、自分自身も気持ちが良くて、精神的にもずっと健全**だとは思いませんか。

疑うよりも、相手を思いやり信じる。

このレッスンでポジティブ脳に向かいましょう。

49

あなたに必要なのは、
「懐に入る勇気」です。

♥

Ahn's Wisdom

私の身近な人の話です。会社勤めの彼女は、あるお局さまに悩まされていました。マウンティングは日常茶飯事、ときには、仕事の手柄を横取りされたり……。それだけに、彼女は、お局さまのことを「大嫌い」と言って憚《はばか》りませんでした。

ところが、お局さまの唯一の趣味であるゴルフに彼女が一度付き合ったことで、関係が好転し始めたのです。彼女にとってお局さまは「イヤな人」でしかなかったのですが、ゴルフを機に、ちゃんと話すようになると、お茶目なところがあるとわかり、彼女はお局さまに親近感を覚えるようになりました。2人の関係が変わったのは、彼女がお局さまの懐に入っていったことが、理由でしょう。

このケースのように、**勇気を出して懐に入ることで、人との関係に変化が起きる**ことは、決して珍しくないのです。苦手意識が先に立ち、ずっと避け続けている人はいませんか。そんな人とひょんなことでお酒を飲んだら、意外に気が合うことがわかって急に仲良くなった、というのは、よくある話。苦手な上司や先輩に、たまたま仕事の相談をしたら、親身になって応えてくれて、その後も、何かと目をかけてくれるようになった、といったケースも、よく耳にします。

あなたに必要なのは、「この人は苦手」といった〝決めつけ〟を外し、「懐に入る勇気」かもしれません。

50

心地良い生活習慣で
ポジティブ脳を
手に入れよう。

♥

Ahn's Wisdom

〝ポジティブ〟というと、どうしてもメンタル面にスポットが当てられがちですが、実は、**フィジカル抜きにして、ポジティブは語れません。**

寝不足だと、頭がうまく回らず、物事をネガティブに捉えやすくなったり……。偏りがある食生活は、ポジティブな発想が生まれにくくなるでしょう。

スポーツなどで体を動かすことも、ポジティブ脳を育むためには大切です。

体を動かすことに集中しているときは、ネガティブな発想から解放されますし、運動をして体を動かすと、頭だけ使ったときの疲れとは違う、体が喜ぶ心地良い疲れを覚えます。この疲れは、質のいい眠りをもたらしてもくれますから、一石二鳥です。しかも、**運動は「運」を「動かす」と書くように、心身に喜びをもたらしてくれる**のです！

ポジティブな心と体は密接に繋がっています。

私が学んでいる東洋医学では、気・血・水が足りないと気が沈むと言われています。偏りのある食事、夜更かし、睡眠不足は、体に酸素と栄養が行かなくなり、心にも悪影響が出てきます。

心と体のことを考えて、生活を見直してみませんか。

51

腸活で
ポジティブ脳に

Ahn's Wisdom

「またまたアンさんこじつけちゃって」と思う人もいるかもしれませんが、**【腸がキレイな人は心も明るい】**にはちゃんと科学的根拠があり、実は**腸内環境は脳にも大きな影響を及ぼす**ことがわかっています。

例えば、私たちに幸福感をもたらし、欠乏するとうつ病の原因にもなると言われている〝セロトニン〟。健康な腸の中で、その前駆体がたくさん作られているそうです。そして、上質の睡眠をもたらしてくれる〝メラトニン〟に変換されるのだそう。これらの神経伝達物質の合成のために腸内細菌は欠かせないことが判明しているんですよ。

この腸内細菌を健やかに保つために大切なのが、今話題の〝腸活〟です。

その人ごとに合う菌は違うと言われているので、様々な発酵食品を試したうえで、ヨーグルトや食物繊維など腸内細菌が喜ぶものを積極的に食べ、適度な運動をして腸をキレイにしておきましょう。

脳に幸せ物質が増えて、心も明るくなりますよ。

52

ものは言いよう。

私自身の体験です。昔、「ミカさん!」と、強い力で私の腕をつかむクセのある人と、仕事で1週間くらい一緒に過ごさなければならなくなりました。私は、それほど親しくない人に、強く体をつかまれることに拒絶反応を示してしまって、生理的な嫌悪感が……。それでも必死で我慢していたのですが、ついに言ってしまいました。

「ごめんなさい。私、腕をぎゅっとつかまれるのが苦手なんです」

言った瞬間、その人の顔が引きつったのですが、さらに私は続けました。

「私、腕が弱点みたいで、くすぐったいというか……。どうせやったら、その力で肩つかんでもらえませんか? 私、肩こりなんで!」

と、私が言うと、相手の引きつった顔に笑みが広がりました。

「こうしてもらえると助かる」といった**提案型の表現で、ユーモアを交えて伝えると、相手をイヤな気にさせず、こちらの思いも受け入れてもらいやすい**ですよね。

ものは言いようだと思います。このとき、男女の脳の違いを理解して言い分けるといいでしょう。男性には感情的になるのはNGで「わかってほしい」という気持ちを冷静に伝えるのがベター。一方、女性には高圧的なもの言いはNG。「なぜこうしてほしいのか」、「なぜ、それが受け入れ難いのか」といったことを冷静に伝えると、「私にも身に覚えがある」と受け入れてもらいやすいそうです。

53

世間はときに理不尽。
だけど
対処法はある。

Ahn's Wisdom

物事はできるだけポジティブに捉えたいけれど、残念ながら、「どう考えても理不尽すぎる」ということは、現実に起こり得ます。会社で頑張っても頑張っても、先輩や上司とそりが合わないために、認めてもらえない。それなりの成果は出しているのに、自分だけが冷遇されている。例えばこんなことも、社会人なら他人事ではなく、いつ自分の身に降りかかってくるかわかりません。

ですが、**「そんなこともある」と承知のうえで、対処していきましょう！**

冷遇されても、自分なりのポジションで努力を続けていく、趣味に没頭する……などプライベートを充実させる。乗り切り方はいろいろです。

目線を変えて、いいところを見て歩み寄ろうと努力してみても、どうしても上司や先輩とうまくやっていけそうにもないなら、会社側に異動を願い出るのも、ひとつのやり方ではないでしょうか。

それも叶わず、精神的に追い込まれていくようなら、会社を辞めるという選択肢もアリでしょう。

そりの合わない人がいて理不尽な目に遭ったのは、「これ以上、そこにいてはいけない」という天からのシグナルかもしれません。このように考えれば、その退職は【ポジティブな選択】になります。

54

「心」を「亡くす」と書いて
「忙しい」。
心を取り戻すためには
ボーッとすることも必要です。

♥

Ahn's Wisdom

ポジティブの源はいくつかありますが、大前提は「余裕」ではないでしょうか。いろいろな意味で余裕があると、物事を前向きに捉えられますが、逆に余裕がなくなると、私たちはネガティブに支配されがちです。

余裕を失う原因は様々ですが、ひとつには今の時代、「多忙」が挙げられると思います。あまりにも忙しすぎると、肉体的にはもちろん、精神的にも追い詰められてしまいますよね。疲労も重なり、思考はどんどんネガティブなほうへ傾いていきます。人に対して思いを巡らせる余裕などもなくなって、イライラし、人を自分の思い通りにしようとするなどの我欲が出てきて、人間関係もギクシャクし、さらに落ち込んでしまったり……。

「忙しい」は「心」を「亡くす」と書きますが、確かに、忙しいと自分本来の心を失うような気がしてなりません。忙しすぎて心をなくしたら、自分のもとに心を取り戻さなくてはなりません。そのためには、ときには何も考えず、何もせず、ボーッとすることが必要だと、と私は思っています。何もしないことに慣れない人も、休むことに罪悪感を持たないでください。**休むことも仕事**です。

みなさんも、心をなくさないよう、ほどほどに休んでくださいね。そうやって、ポジティブ脳に栄養をあげてください。

55

執着を手放して流れに乗ろう。

Ahn's Wisdom

人生がうまくいってる人とそうでない人の大きな違いのひとつに【執着】に対する対処の仕方が挙げられると思います。

お金、地位、過去の栄光、終わった恋愛、執着する対象は様々なですが、執着をうまく手放している人ほど、素早く次の可能性に向かう分、幸せになっているような気がします。

物事は前に向かって流れています。その流れに身をゆだねるのが自然です。人生の自然な流れとは、流れの途中で自分を待ち受けているものを受け入れ、物事を運んでいくことですが、【執着】はそれに逆らうことになります。

天の流れに身を任せず、後ろ向きに逆流したり、踏みとどまったり……。天から〝そこじゃないよ。次の場所に幸せがあるよ〟というシグナルが出ていても見ようとせず、自分の我欲だけで〝何が何でもあの人を振り向かせる！〟〝どうしてもあの地位が欲しい！〟と執着をすると、人生の流れに歪みが生じます。それに執着をしているときは、まわりや相手に多大なストレスを与えます。

執着を手放し、人生という流れに美しく乗って、より良い方向に進みましょう！

56

苦手な人ほど
いいとこ探し。

Ahn's Wisdom

「苦手だな」と思う人が近くにいる環境で過ごしているし、毎日が憂鬱《ゆううつ》になってしまいますよね。「この人はいないことにしよう」と自分の視界からシャットアウトしたくても無理です。だって、現にその人は、あなたの目の前に存在するのですから。

覚悟をして、その人と向き合いましょう。「蓼食《たで》う虫も好き好き」と言うように、あなたにとってAさんは大嫌いな相手でも、Bさんにとってのあさんは「好感が持てる人」の場合もあります。Bさんがそう思う根拠は、きっとAさんのいいところを知っているからです。

そうです。**人にはいろいろな側面があります。**あなたから見れば、「苦手」と思える人でも、別の側面から見れば、必ず、いいところはあるはずです。

言葉はキツイけど嘘はない、偉そうにしてるけど情にもろいところがある、お調子者だけどムードメーカー……。どんなことでもいいから、苦手な人、嫌いな人のいいところを探しましょう。そして、そこに目を向けるようにしてみませんか？

ちなみに私は、苦手な人を作らないように西洋占星術という占いを活用しています。生年月日からその人の短所、長所など特徴をある程度知っておくことで、「牡羊座だから言い方は強いけど、正義感で言ってるんだな」と、捉え方も柔軟になるのです。**人のいいところを見つける練習は、ポジティブ脳を育むのに役立ちます。**

57

あなたは
あなたのままでいい。

♥

Ahn's Wisdom

この世の中は、とても複雑そうでいて、実はとてもシンプルです。

あなたはこの本を読みながら「もっとポジティブにならなくては」と思っているのかもしれません。ですが、「○○しなくちゃいけない」などと自分を追い込む必要などなく、**あれこれ考えすぎなくてもいいのです。ただ、イヤな感情が湧き上がってきたときにだけ、ちょっと思いを巡らせる。**そして心の針を少しポジティブのほうに振ってみる。これだけでいいのです。

変わらなきゃ、もっとこうしなきゃ、などと思い悩むことはありません。


あなたはあなたのままでいい。


あなたも私も、他の誰かも、みんな、今、ここにいるだけで、とても価値のある存在です。

人間は、誰かが世話をしてくれなければ、絶対に育ちません。今、こうして無事に生きているということは、誰かが愛を持ってお世話をしてくれたからこそ、成長できたのです。そう考えると、愛を受けて育った自分は、もうそれだけで価値のある存在だと思えますし、こうして生きていることに感謝ができます。

58

その“カチン”は、
自分の心に
余裕がない証拠かも。

♥

Ahn's Wisdom

メールはとても便利なツールですが、「難しい」と思うことも多々あります。電話にしろ、直接会うにしろ、話すのに比べると、メールには誤解が生じやすい側面があると思うのです。私にも覚えがあります。仕事で、要件を簡潔に伝えるビジネスライクな文面のメールを送ると、「アンさん、怒ってる」と受け取られることがあるのです。私は決して怒っているわけではないのですが……。

誰かからのメールの文面を読んで、カチンとくることもあります。

例えば、「今日、夕ご飯どうする？」というダンナ様からのメール。「お腹空いたーっ。ミカちゃん、今日は何時に帰るの？」と文面が続くと、「こんなに忙しいのに、早く家に帰って作れっていうこと!?」と受け取り、ひとりでイライラしてしまうことがあるのです。もちろん、彼にはそんなつもりはありません。よくよく聞くと、「あなたは忙しいだろうから、待ち合わせて外で食事をしてもいいし、ケータリングをとってもいいかなと思ってメールした」とのこと。彼の文面を勝手に間違って解釈し、ひとりで怒っていた自分が恥ずかしくなって……。

こんなふうに、まったく悪意のない言葉をネガティブに受け取ってカチンとくるのは、私の場合、決まって、忙しすぎて余裕がないとき。**最近、人の言葉にカチンとくることが多いという人は、自分の心に余裕がないのかも**しれません。

59

平和は
微笑みから始まります。

♥

Ahn's Wisdom

私が敬愛するマザーテレサの言葉です。
自分が笑顔の幸せな人生を送りたければ、
誰かの笑顔を待つのではなく、
自分から微笑みかけましょう。
身近な人に
笑顔で接することから始めましょう！
あなたが笑えば世界が笑います。

60

「感情の記憶」に
翻弄されていませんか?

♥

Ahn's Wisdom

女性は物事を「感情」で記憶すると言われています。

例えば、彼がデートの約束をドタキャンして「ごめんね」と謝っているのに、「あのときもそうだった」と、過去を引き合いに出して、彼を責めてしまう。女性にはありがちなことですが、これは、女性が感情で物事を記憶しているから。今回のドタキャンで、悲しい、腹立たしいなどの感情が湧き上がったことで、同じような感情を抱いた過去の出来事がフラッシュバックしてしまうのだそうです。

これに対して、**男性は、目で見たり、聞いたりした「事象」で記憶する**のだとか。つまり、彼は、過去のドタキャンも、「謝った」という事象で記憶していますから、なぜ、彼女が、今さら過去のことでわめくのか、理解できない。「だから謝ったでしょ」と言うことしかできません。女性が男性を追い込む「なぜ○○してくれないの？」という壁際ワードを連呼してしまうと、男性は「ごめん」と謝るしかなくなり、会う度に謝らせられる相手とは会いたいとは思わなくなるでしょう。

感情の記憶に翻弄されると、ネガティブな結果になりがちです。

例えば職場でも、ミスをして「恥ずかしかった」という感情に振り回されると、「また失敗したらどうしよう」と、アグレッシブに行動できなくなったりします。ときどき、「私は感情の記憶に翻弄されていないか」と、自分を省みましょう。

61

書いてスッキリ!

誰かのメールの文面に「カチン！」とくることも少なくないはずです。こんなとき、読んですぐ、怒りに任せて返信をしてはいませんか？ 受信メールを読んで腹が立ったとしても、すぐに返信するのは、得策とは言えません。

腹立たしいメールも、しばらく時間を置いてから冷静になって読み直してみると、「そういうつもりじゃないんだな」とか、「嫌味な言い方だけど悪意はなくて、この人の口グセだな」と思えてきたりする。と同時に、自分が怒っているのがバカらしくなることがあります。

読み返してみても、やっぱり腹立たしさが消えないときは、そのメールに返信するつもりで、自分の思いの丈を綴ってみましょう。ただし、このときはまだ送信しません。ガーッとひと通り書いたら、時間を置いてから読み返してみてください。

怒りに任せて書いたメールは、あとから読むと、「送らなくてよかった」と思えるほど、比較的酷い内容がほとんどです（笑）。超ネガティブな波動を発していて、自分が恥ずかしくなったりも。でも、怒りが鎮まっているのは確か。**「書く」ことは怒りの鎮静剤。** 怒りがおさまらないときは、その感情を相手にぶつけるつもりで書いてみるのが、おすすめです。ただし、くれぐれも、間違って送信しないでくださいね。実は私は、やってしまった経験があり、取り繕うのが大変でした（笑）。

62

「謙虚」が
「愛」を育む。

♥

Ahn's Wisdom

私たちが生きていくうえで大切なのは、【謙虚さ】だと思っています。

ですが人はふとしたところで調子に乗ってしまったり、傲慢になりがちな生き物です。無意識のうちに、自分の思い通りにならない現実に苛立ったり、パートナーの存在が当たり前になって感謝の心を忘れ、「もっと、もっと」と相手に多くを求めたり……。〝愛の反対は無関心〟という言葉がありますが、私は〝当たり前〟という〝傲慢さ〟もあるのではないかと思っています。当たり前という扱いは〝存在を軽んじられている〟という虚しさや空虚感に……。それは寂しさに変わります。

愛には様々な形がありますが、愛は与え合い、築き合い、育むのが健全です。その謙虚な姿勢こそが、愛を育むのです。ここで言う「愛」とは、男女間の愛情だけではなく、すべての人間関係に当てはまります。**真の人間関係の根底には愛が流れています。**

私事ですが、私たち夫婦が仲良く暮らせているのは、ダンナ様がたくさん「ありがとう」を言ってくれるからだと思います。感謝の気持ちとして「ありがとう」を伝えてくれるだけで疲れが吹っ飛び、もっと喜んでくれることをしてあげたい、という気持ちが湧いてきます。**感謝は愛の謙虚な表現のひとつ**です。愛情表現が苦手な人は、「ありがとう」を大切な人にたくさん伝えてみることから始めてみませんか？

63

心を込める。

Ahn's Wisdom

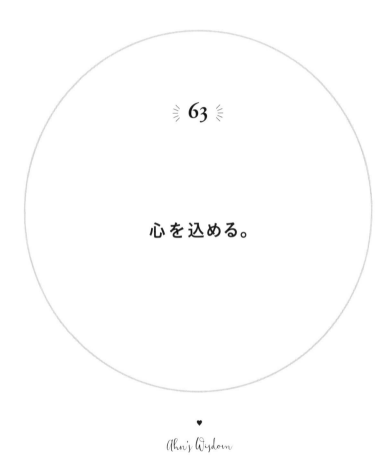

自分が誰かを喜ばせることができれば、その誰かがまた誰かを喜ばせ、自分に喜びが巡り戻ってきます。

このような、**幸せの相乗効果を生むには、自分の目の前にいるひとりひとりに、あるいは、目の前の物事ひとつひとつに、いつも心を込めて接することが大切**だと思います。

・毎日顔を合わせる家族にもちゃんと目を合わせて「おはよう」と声をかける。
・職場の人にも同様に、相手の心が、その日一日明るくなるような挨拶をする。
・いただいた仕事はありがたくお引き受けして、全力で丁寧にやらせてもらう。
・職場の来客に出すお茶一杯に〝今日のこのお茶を飲む方の会議がうまくいきますように〟と心を込めて、丁寧に淹れ、「どうぞ」と満面の笑みで差し出す。
・お土産やプレゼントに一筆添える。

ひとりひとりに、ひとつひとつに心を込めていれば、人に信頼され、人に喜ばれ、そこには運が運ばれ、幸せが訪れます。

そしてそれは必ず誰かが見ているものです。

64

揺らいで揺らいで
大きくなりましょう。

みんな、思い悩みながら生きています。もちろん、私もです。

突然、恋人に振られたり、自分ではどうしようもできない不本意な出来事に遭遇したり、他者の言動に振り回されたりと、人生にはいろいろなことが起こります。

いくら根っからのポジティブ体質の人でも、逆境をものともせず、果敢に前に進んでいけるときばかりではありません。初めてのことは怖いし、傷つきたくないから、立ち止まって悩んでしまうことは、誰にでもあります。「嫌い」、「許せない」、「妬ましい」といったネガティブな感情が湧き上がり、そんな自分を嫌悪することもあるでしょう。

みんな、こっちに揺れ、あっちに揺れ……と、ゆらゆら揺れながら生きています。

年齢を重ね、経験を積むと、この揺らぎがなくなるかといえば、決してそんなことはありません。私たちは、一生揺らぎながら生きていくのでしょう。

揺らいでいるうちに、自分の前に延びる道の幅はどんどん広くなり、そして、自分の人間としての器も大きくなっていくのだと思います。**揺らぎは、自分自身を成長させ、可能性を広げてくれるもの。**

だから、揺らいでいい。というより、むしろ、揺らぎは私たちにとって必要不可欠なのです。

65

大丈夫、一日くらい
スマホがなくてもどうにかなります。
ないほうが
予想外のハッピーが
あるかもしれません。

♥

Ahn's Wisdom

今、みんな、スマホや携帯電話に支配されてはいないでしょうか。道でもカフェでも電車の中でも、スマホを触っていない人を探すほうが難しいくらいです。

私も人様のことは言えません。実際、とても助かっています。情報番組にコメンテーターとして出演するときは、ひと通りのニュースに目を通さなければなりませんし、仕事のメールをチェックして返信したり、ブログの更新をする必要も。そんなこんなで、移動中はずっとスマホを触っていることも……。

ところが、ある日のこと、私は、家にスマホを忘れて仕事に出かけてしまいました。「あちゃ〜」と思ったけれど仕方がない。「今日はスマホを忘れました」と周囲に宣言をし、その日一日、スマホなしで過ごすことにしたのです。

するとどうでしょう。不便で退屈すると思っていたのに、予想に反し、とてもハッピーな気分で過ごせたではありませんか。

いつもなら移動中はずっと下を向いてスマホを触っているのに、その日は、車の中からボーッと空を眺めて癒やされたり、街の様子を見て「こんなところにあんなお店ができてる！」と発見できたり。スマホを忘れたおかげで、思わぬご褒美をもらった気分。スマホは、一日くらい、なくてもどうにかなるものです。電源をＯＦＦにする休日が新しいハッピーをもたらすかもしれませんよ。

66

「恐れ」は
抱きしめてあげましょう。

♥

Ahn's Wisdom

また失敗してしまうのではないか。また意地悪をされてしまうのではないか。不安が現実になってしまうのではないか。このような「恐れ」に取りつかれた状態でいると、物事をポジティブに捉えることができなくなってしまいます。

だからといって、「〝恐れ〟は良くない。捨てなくては！」と思う必要はありません。むしろ、恐れと向き合うことを避けていると、恐れは増幅してしまいます。ですから恐れの感情が湧き上がってきたときには、そこから逃れようとせず、いったん向き合い、その感情を受け入れましょう。

過去の経験のトラウマからくる恐れがあるときには、**恐れている自分を想像し、優しく抱きしめてあげるイメージを持ちましょう。**かつて、ひとつの恋愛を引きずってしまい、恐れがあってなかなか前に進めなかったとき、私自身も実践していたことです。怖がっている自分を優しく抱擁するイメージを持つと、「私はこの恐れの存在を認めたから、もう大丈夫」と思え、平穏な気持ちになれるのです。

そもそも恐れは、必ずしも悪いものとは限りません。例えば、「将来、自分はこっちの道に進みたい。でも、なんとなく、怖い」といった、**まだ見ぬ未来への恐怖心なら、発想を転換することで「好奇心」に変えることができます。**誰もが答えを知っている未来などありません。足踏みする不安を好奇心に変えてみませんか？

67

幸せは
自分の心が決める。

♥

幸・不幸は自分の心が決めるものです。例えば、すごく貧乏で、食うや食わずの生活をしていたとしても、「自分には笑顔の家族がいて、みんな健康だから、幸せ」と思えば、その人は確かに幸せです。逆に、何不自由なく暮らしていて、はたからは、とても幸せそうに見える人でも、本人が「幸せじゃない。足りない」と思えば、その人は、幸せではないのでしょう。

　幸せかどうかは自分の心が決めるものですが、ジャッジする心が曇っていて、本当は幸せに満たされているのに、見えなくなっていたり、感じる心が麻痺《まひ》していたりすることがあります。**恵まれすぎていると、幸せを見失いがちに。**しかも、今はSNSの普及などで、人との比較が容易にできてしまいます。自分にはないものを他人が持っていたりすると、それだけで自分が劣っている気になり、大切なものを見落としがちに……。こうして「もっと、もっと」と多くのことを望むようになり、心の中に〝欲しい、欲しい、もっと欲しいオバケ〟が増殖していきます。

　人と比較するのではなく、今、自分が置かれた環境や状況に感謝をすることができたら、あなたは超ポジティブ！な人です。**「足りない」、「満足できない」というストレスや不満を、今在るものへの「感謝」に向けていきましょう！**

68

“三褒め”を実践!!

♥

Ahn's Wisdom

大好きな斎藤一人さんの著書に、**運集めのための実践〝三褒め〟**というワードがあります。

それは、**〝国褒め〟、〝物褒め〟、〝命褒め〟**の3つです。

国褒めとは、自分が住んでいる国や場所、家を褒めること。

例えば、「日本のここが好き」、「この地域のこんなところが素晴らしい」と声に出して言うことだそうです。自分の家を「日当たりが悪くて狭い」、「スーパーから遠くて不便」などと言うより、「コンパクトで落ち着く」、「無駄な買い物をしなくて済む」などと、視点を変えると、いくらでも褒めることができます。

物褒めは、日頃、自分が使っている物を褒めていくことなのだそうです。物にもエネルギーがあります。「この服、好き」、「この財布の手触りが良い」などと褒めていると、次第に、褒めることができる素適な物を選んで買うようにもなり、センスアップもしていきますね。

命褒めとは、この地球上の生きとし生けるもの、命あるものすべてを褒めていくことです。

人を褒めるのが苦手な人は、この〝三褒め〟から実践してみませんか？　良い言霊に満たされて日々を気持ち良く過ごせるようになりますよ！

69

“新しいあなた”の発見を
素直に受け入れて
面白がって!

♥

Ahn's Wisdom

自分が思いもよらぬ自身の側面を、人から指摘されたことはありませんか？

例えば、自分自身では「私って大雑把だけど、よく言えばおおらかで、そこが長所」などと思っていたのに、「あなたって、一見、アバウトな人に見えるけど、意外と神経質なところもあるよね」と指摘されたとしたら……。

こんなとき、あなたならどうしますか？「そんなことない！」と即座に否定する人もいるでしょうし、「そうかしら？」とその場は適当に繕うものの、心の中では「絶対違う」と認めなかったり……。自分では思ってもいなかったことを言われると、なかなか受け入れ難かったりしますよね。

でも、**他者から見た自分も、自分の一部**には違いありません。「大雑把でおおらかな」のも自分、「アバウトに見えて意外と神経質なところもある」のも自分。両方が自分なのです。

人には「側面」というものがたくさんあって、それをすべて自分で把握できているわけではありません。「自分からは見えない角度の自分を、誰か他の人が見つけてくれた！　ラッキー」と思いましょう。

未知の自分の側面を発見してもらえたことを素直に受け入れ、それを面白がれる人になれたらいいですね。

70

「我慢」ではなく
「尊重」を。

♥

Ahn's Wisdom

恋愛でも友情でも仕事上の付き合いでも、良好な人間関係を築いていくうえで大切なのは、相手を尊重することです。こう言うと、自分が我慢して相手を立てればいいのね、と思うかもしれませんが、それは違います。尊重と我慢は全く異なるものだからです。

日本では昔から、三歩下がって夫に従う古風な女性が良妻賢母と呼ばれてきました。このような女性の姿に重ねて「我慢は美徳」と思われがちですが、良妻賢母の女性は、我慢はしていないと思います。尊重しているからこそ、後ろに下がって夫を立てているのではないでしょうか？

相手を尊敬し、相手の立場を重んじて立てているのが【尊重】です。【我慢は美徳】は違うと思います。

我慢は【我の慢心】と書きます。【私が我慢さえすれば波風が立たなくて済む】と我慢する人は結果、自己犠牲で自分をないがしろにしているうえに、問題を先延ばしにしていることにも。我慢のしすぎはストレスにも繋がり、体も蝕《むしば》みます。

精神を健康な状態に保ちいつもポジティブでいるためには、「我慢」ではなく「尊重」を大事にしてください。尊重とは、愛と謙虚さ、思いやりを持って、相手を立てるということです。

71

やりたいことを
100個挙げて
自分探し。

♥

Ahn's Wisdom

ある素敵な女優さんのお話。彼女は自分が何をやりたいのか見えなくなっていたとき、「やりたいことを１００個挙げてみなさい」と尊敬する人から言われたそうです。「50個以上挙げていくと、本当に自分がやりたいことの方向性が見えてくる」とも。彼女はそれを実践していますが、現段階ではまだ50個に満たないそう。でも、「50個を超えたとき、何か自分に見えてくるものがあるのではないか」と、楽しみにしているのだとか。

とても素晴らしいお話だと思いました。私も自分がやりたいことを書き出すと願いが叶いやすいと言うので、**「願文」と言って、願いごとを宣言して書くという儀式を、新月と満月の夜に行っています。**それでも願いごとは書けても20個。１００個なんてなかなか出てきません。

やりたいことは、自分への質問形式で挙げていくと、より明確にわかるような気がします。「今、会いたい人は誰？」、「どうしてその人に会いたいの？」、「会ったら何を伝えたい？」。例えば、こんなふうにして、自分への問いをどんどん掘り下げていけば、「私って、こんなことを考えてたんだ」というような客観的な発見があるかもしれません。面白そうだとは思いませんか？私も１００個挙げて自分探しを楽しみたいと思います。

72

Let's do your best!

ベストを尽くす――。「今さら」と思うかもしれませんが、私はとても大切なことだと思っています。

「コツコツ努力するなんて、そんな暑苦しいことはダサい」と感じる人もいるようですが、私は、**与えられ、求められたことに誠意を持って尽くすことは、人の礼儀だと思う**のです。

もし、ひとつの物事に適当に向き合った結果、成果が得られなかったとしたら、「自分の力をもっと発揮して、ちゃんとやれば良かった……」という後悔がきっと残りますよね。

では、ベストを尽くした場合はどうでしょう。結果を出せれば、自分を認めてあげることができます。それは大きな自信に繋がりますし、まわりの仲間からも信頼を得ることになるでしょう。

思ったような評価が得られなかったとしても、自分がベストを尽くした結果ですから、その内容を見直し、ポジティブに反省と自己分析し、必ず次に生かすことができるのではないでしょうか。

何事にも慣れが出てくると、手を抜くことを覚えがちです。だからこそ、ときどき自分に言い聞かせたい言葉です。

73

人間だもの。

♥

Ahn's Wisdom

人間、生きていると、様々なことが起こります。ちゃんと計画を立て、慎重に物事を進めていたつもりなのに、思わぬところでつまずいて転んだり……。もちろん、すぐに失敗を分析したり、思い巡らせて省みたりもしますが、考えてもどうしようもないことも……。

自分を責めすぎてしまうときには、私は「人間だもの」とつぶやきます。すると自分を責める気持ちが和らぎ、自分にスペースを与えてあげることができるのです。

また、仕事でもなんでも、自分が関わった相手が小さなミスをすることはあるでしょう。そのときに「なんで？」、「どうして？」と、相手に詰め寄っても、どうしようもないこともあります。そんな場合も私は「人間だもの」とつぶやきます。

この言葉を口にすることで、人を許す優しさが持てるというのでしょうか。

自分も含めて人間は機械じゃないから、いろいろなことをしでかしちゃう。考えても仕方がないこともあるのです。

相田みつをさんの有名な言葉**「人間だもの」は、自分をラクにし、人を許せる言葉、究極の解放のセリフ。**

これを口にすると、ざわつく心に平穏が戻ってくるから不思議です。

74

生きてるだけで
丸儲け。

Ahn's Wisdom

私がとても尊敬する人のひとりに、明石家さんまさんがいます。共演者のみんなに話を振ってくださり、うまく話せなかったときには、面白くなるように会話を盛り上げてくださる。そんな気配りと思いやりに溢れるさんまさんの名言と言えば、「生きてるだけで丸儲け」。私が大好きな言葉です。


私は30代で甲状腺の病気をし、初めて「命」というものを意識しました。

また、結婚してから不妊治療をし、その経験から、ひとつの命が育まれることの奇跡を痛感しました。どれだけ望んでも、子供ができないときはできない……。命は、いろいろな奇跡が重なったとき、初めて授かるものだということを、つくづく感じさせられたのです。

さらに、両親をはじめ、身近な人を早くに亡くしたことも関係しているのでしょう。私は、**「生きていることは素晴らしい！」と心から感じ、今あるこの命に感謝しながら、精一杯楽しんで生きています。**

まさに、「生きてるだけで丸儲け」の精神で。

75

恋をしよう!

皆さん。恋をしていますか？　私は結婚9年目になるダンナ様にもちろん！　今も恋をしています（恒例の公開ノロケ！）。

恋をすると、景色が輝き出し、心はワクワクと躍り出します。認められたい気持ちが大きくなり、モチベーションが上がるため、仕事も頑張れるように！　そしてもちろん、女性はキレイになります！　キレイになってもっと好きになって欲しい！　と思うので、自分磨きを始めます。所作や身だしなみにも気を遣い、ますます魅力はアップします！　実際に恋することで、エストロゲン、ドーパミンなどのホルモンが分泌され、体が活性化され肌ツヤが良くなり、精神的にも満たされ安定するようです。

中には、ひとりの生活に慣れて、〝恋愛は面倒〟という人もいるでしょう。でも恋をすると、相手が喜ぶことを常に想像して日々を過ごすので、気持ちも前向きになり、楽しさも倍増しませんか？

既婚者の方は、旦那様への気持ちは恋から〝家族への愛情〟に変化しているかもしれませんね。ならば、好きな俳優さんやアーティスト、スポーツ選手などへファンとして、恋心を抱くのも良いですね！　ドキドキワクワクする恋心を持つと、生活にハリが出て、景色がキラキラと輝き出しますよ。皆さん！　恋をしましょう！　ただし、束縛がひどい人、あなたを傷つける人、虚しい思いをさせる人は選ばないでくださいね。

76

「感謝」は「ストレスを和らげる薬」

Ahn's Wisdom

【ストレス】という言葉を作り、その概念を打ち立てた、カナダのハンス・セリエ博士は、ストレスから逃れる最良の方法も、説いています。

それは、東洋人独特の〝感謝の気持ち〟を持つことだそうです。

人は【欲】があるから生きていけます。

睡眠欲、食欲、出世欲……さまざまな欲がありますが、欲は決して悪いものとは限りません。

欲は生きる原動力でもあるからです。

ただし**【欲】は【感謝】とセットでないとバランスを崩します。**

その欲が満たされていないと〝満たされない。足りない〟という気持ちが湧いてきて、その足りなさが不満となり、ストレスになるからです。

しかし、感謝の気持ちを持つと、〝今あるものに素直に感謝〟することができ、心を健やかに安寧にして過ごすことができるようになります。

感謝はストレスを和らげる薬です。

ストレスを感じたら、ないものよりも、あるものに目を向け、そこに感謝の気持ちを運んでみましょう。

77

和顔愛語

私が日頃から心がけている大切な言葉は【和顔愛語】です。

【和やかな笑顔と愛ある言葉で、穏やかに過ごす】という意味です。

【和顔】の笑顔の力についてはｐ０１３で話しましたが、【愛語】とは、母が幼子に向ける言葉に近いのだと禅の世界では言われています。欲や格好をつけることなど関係なく、ひたすら我が子を思う気持ちから出る言葉は、まさに愛と慈しみに満ちているのでしょう。

慈しみの心から発する言葉は、天地を引っくり返すほどの力がある……と、道元禅師も言っています。相手がどう受け止めるか、思いを巡らせて発する、思いやりある言葉を日々使えたら、どれだけ自分もまわりも幸せでしょう。

【言葉は諸刃の剣】でもあり、相手を癒し、いたわることもあれば、傷つけ、苦しめることもあります。同じ使うなら、**愛ある言葉で、まわりと〝和〟を紡ぎたい**ものですね。

皆さん、まずは笑顔で、大きな声で挨拶をすることから始めませんか？

これも立派な【和顔愛語】です。

Chapter 2

「みなさんのお悩みにお答えします」

生きていればいろいろあるのが人生です。楽しい、嬉しいというポジティブな感情に包まれるときも、そして迷いや悩みが生じてネガティブな感情に支配されるときも……。

ここでは、そんな思いの中で揺れている方々の声をご紹介させていただき、それに対する私なりの思いを綴らせていただきます。僭《せん》越《えつ》ながら、同じような悩みを抱える方々の参考になれば幸いです。

Q1

私は自分に自信を持つことができません。私には夢があります。それに向かって、毎日、「小さな成功を積み重ねていこう！」と頑張っていますが、達成するたび「まだまだ」と。私の心につねにあるのは「今よりもっと上に行きたい」という向上心で、現状に満足できません。自分を責めてしまうこともあります。どのようにすれば自分に自信を持つことができるのでしょう？　アンさんはどう考えますか？

（女性・Ｎａｏｋｏさん）

a

〝今〟あるものに感謝をし、もっと現状を楽しみましょう。

夢があり、それに向かって日々、小さな成功を積み重ねようと頑張っていること、もっと上に！という向上心も、とても素晴らしいと思います！

ただ、目標という未来に目を向けすぎて、現状に満足できず、今の自分を褒めてあげられないことは、もったいないことだと思います。今を楽しみ、現状の小さなことに感謝して生きることが、より良い未来を作るからです。

頑張らなくても、目標が達成できなくても、あなたは十分価値のある素晴らしい人です。自分を認めてあげてください。十分に頑張っている自分をもう責めないであげてください。責める言葉を良い言霊に変えて「よくここまで頑張ったね。充電して今を楽しんで、また次のステージへ行こうね！」と、励ましてあげてください。続けていくことで、徐々に自信が持てるようになりますよ。

そしてひとつ、気になることが……。現状に満足できない人の中に、情報化社会にありがちな【他者との比較のワナ】にハマっている人をよく見かけます。

自分よりできる人、すごい人の情報を簡単に入手できるこの時代、「自分自身がどうか」よりも、そうした人と比較して「まだまだ比べたら私なんて……」と自分を責めている人がいます。

他人と自分を比較することで、頑張った自分や、自分の立場に満足できないのだとしたら、「わぁ素敵！　私も頑張ろうっと！」と声に出して相手を認めてみてください。そして、その人の情報を見ても、〝憧れという原動力〟という考えにして、そこは自分の比較対象にはしない、と割り切りましょう。

そして、自分のまわりに溢れている小さな幸せに目を向けて、感謝しましょう。Ｎａｏｋｏさんの身のまわりには、当たり前で見えていなかった、たくさんのささやかな幸せが溢れているはずです。そのささやかな幸せもあなたが作り出したギフトで、自信にすべきものです。〝今あるもの〟に目を向け感謝して、現状を楽しみながら、夢に向かって努力する……このバランスが、あなたに自信をつけていき、日々を楽しみながら成長させてくれると信じています。

Q2

初めて妊娠しましたが、先日、残念な結果になってしまいました。23年の人生で、こんなにツライ経験をしたことがありません。これから先、妊娠することができたとしても、また残念な結果になってしまうのではないかと不安です。つねに笑顔でキラキラしているアンさんですが、幼い頃から、ポジティブ脳でしたか？　それとも、あるときからそうなったのでしょうか？　後者だとしたら、日々の生活でどのようなことに気をつけていたのかを教えてください。

（女性・ちょこんさん）

a

ポジティブ脳はレッスンの賜物。今日から早速レッスンを開始して！

それは、本当にツラかったですね。私も経験があります。本当にツラかった……次が不安になるのも、とてもよくわかります。

こういう場合は、自分の体質を知っておく必要があると思います。冷える体質ではないか、貧血気味ではないかなど、自分の体質をしっかり診てもらって、体を温めるために、血を増やすために何をすればよいか調べて、次の希望への備えをしっかりされてください。

何もしないよりも、「これだけ調べて自分を知って、あなたを迎える準備をしたから大丈夫！」という自信にも繋がります。

きっとまた同じ魂の子が訪れると信じて、体を温めて、体調管理をして、次に訪れてくれる機会を楽しみに待ってください。

そして、私は著書にも書いた通り、昔はコンプレックスだらけで、自信のない子供でした。

母は、容姿に自信がない私のために、「大人になれば〝一緒にいて心地良い人が美人〟なのよ」と言って、「4つの魔法」を教えてくれました。

これを実践すると、まわりの大人が褒めてくれるようになり、それが自信となり、積み重ねの努力で今があります。素直な気持ちでポジティブ脳になれるよう、本書のキーワードを実践してみてください。

次に、良い結果が起こることを祈っています。

Q3

私には、いつも悩みごとがいろいろあります。最近は、イライラしやすく、そんな自分に落ち込んで反省する日々……。自分の思い通りにならないとイライラしてしまい、本当に苦しいです。イライラしない、いつも笑顔で過ごせる、何かいい方法はないでしょうか。

（女性・mameshibaさん）

a

イラッとしそうになったら心の中で〝縁起言葉〟を唱えてみては？

お話を聞いていますと、とてもお忙しい方で、余裕がもしかしてなくなっているのかな？　と想像します。

まず、人は思い通りにはならないものだと、念頭に置いてください。

物事は、人や環境との化学反応で進んで行くため、予想外なことが多く、思い通りにばかりなるとは限りません。それぞれの相手の思いや事情があることを理解する柔らかい頭でいること、相手の立場に立ち、物事を思い巡らせること、【私が私が!】の【我】を【相手への尊重】に変え、和をもって共存していくことを実践してみてください。

忙しすぎて心をなくしていないか? と今の生活ペースを省みるのも大切だと思います。五感を満たすなど、生活にイライラを蔓延させない工夫もしてみましょう。体質で血が滞っていたり、気が巡らずに停滞している人はイライラしやすいと言われています。自分でもコントロールできないイライラは、漢方医院などで体質診断をしてもらうのもおすすめです。

気持ちにゆとりがないとき、清心作用のあるアロマを生活に使ったり、漢方を飲んでみたり……肝機能が弱る春は、特にイライラが強くなります。あなたもまわりも気持ち良く過ごすためにも毎朝、ご先祖様や神様など、何か畏れ多く神聖だと感じるものに手を合わせて、前向きな誓いを立てて、一日をスタートしてみませんか?

ちなみに私は、イラッとしそうになると、ダンナ様伝授の言葉、〝鶴、亀、鶴、亀〟を心の中で唱えます。〝松竹梅〟でも良いのですが、気の良いあなただけの〝縁起言葉〟を作って唱えるのも良いですね! 唱えてるうちに自分でも笑えてきてしまいますよ。

Q4

私は現在、高校2年生のＨａｐｐｙです！

突然ですが、私はセレブと結婚したいです！　絶対～（笑）！

アンミカさん流のポイントを教えてください！

セレブと出会うには、どうしたらいいですか？

（女性・Ｈａｐｐｙさん）

A

はっきり言いましょう。あなたがセレブから選ばれる可能性は低いです。

Ｈａｐｐｙさんが言うセレブとは、どのような人を指すのかが詳しくはわからないのですが……。

例えば〝お金持ち〟という意味でしょうか？

もしそうならば、敢えて厳しいことを言います。

セレブと結婚したい！　と言う人が、セレブに選ばれる可能性は低いです。

人を【条件】で見る人は幸せにはなれません。

幸せな結婚は【条件】でするものでもなければ、【相手に幸せにして欲しい】と願うものでもないと思います。ありのままの相手を尊敬を持って受け入れ、互いに【相手を幸せにしてあげたい】と思いやり合いながら、信頼関係を築き合うものです。

【お金持ち、セレブ】と結婚して何不自由なく暮らす……もしそんな夢があるのだとしたら……幻です。

いわゆるセレブと呼ばれる方々は、世界の様々な良質な人や上質な物を見てきています。だから見る目があります。自分のことを条件で見る女性にも山ほど会うでしょうから、見抜く力もあると思います。

その人の家柄が凄かろうが、職業がどうだろうが関係なく、知的でユーモアがあり、一緒にいて楽しい、明るくて品ある女性が選ばれるでしょう。

相手がセレブかはさておき、将来、幸せな理想の結婚がしたいなら、自分磨きを怠らず、まわりの人を幸せにできる自分でいてください。

そうすれば、いつか「この女性といると気持ちが明るく穏やかでいられる。ずっと一緒にいたいな」と思ってくれる素敵な人が現れますよ。その中にはセレブもいるかもしれませんね！

ちなみに、私も結婚した当初はマスコミに「セレブ婚」と言われましたが、私が彼を【セレブ】だと意識したことはありません。出会ったときの彼は私にとって【ダジャレの面白い、ふつーの外人さん】で、結婚した今もそうです。

Q5

「1972年生まれの私は、「自分がされてイヤなことを人にしないように」と親から言われて育ちました。夫婦喧嘩になると、夫の言葉に傷つきながらも、自分は夫を傷つけないよう言葉を選んで冷静に伝えるようにしてきたのですが……。でも、結婚して18年、夫のあまりに酷い言葉――私の経歴、努力、外見、性格すべてを否定するような言葉――に傷つき、現在、子どもを連れて別居中です。人生でつまずいたときは学びの機会と捉えていますが、それでも「自分の何が悪くて、今の状況になってしまったのだろう」と思い悩んでいます。

（女性・eさん）

a

あなたは立派な〝戦士〟です。思い悩まず次のステップへ進みましょう。

18年もの間、パートナーの言葉に傷つきながらも、自分は相手を傷つけないよう言葉を選んで、冷静に伝えてこられたとのこと。よくこの長い間、我慢して頑張ってこられたと思います。

経歴、努力、外見、性格、すべてを否定する言葉は、相手の尊厳を壊す、言葉の暴力です。

大切なパートナーを傷つける言葉を聞いて育つ、お子さんの環境を思っても、エスカレートしていく旦那様を思っても、勇気を持って別居に踏み切って良かったのではないでしょうか？

自分の尊厳を誰かに失わせることはあってはならないことです。


「何が悪くて今の状況になってしまったのだろう」と思い悩んでいらっしゃるとのことですが、文面を読ませていただく限りでは、eさんは十分、相手を思いやりながら向き合ったと思います。

eさんは謙虚な方なので、すぐに自分の胸に手を当て考えられたのだと思いますが、自分の何かが悪かったから起こったことではなく、相手の問題だと思います。

もともと本質的にそういう部分を持っていて、徐々に慣れからでてきたのか、仕事上でのストレスから家庭内での八つ当たりでそうなったのか、もともとマウンティングのように相手をけなし、優位に立つことでしか自分の力を確認できない未熟さがあったのか……（旦那様のことを何も知らない私が、キツイ表現ですみません）。

別居を通して、旦那様が言動を省み、〝申し訳なかった。これからは本当に大事にするよ〟と変わってくれるなら、再び家族が一緒になって新しい生活を築いていくということもアリですが、離婚を経て、将来もっと言葉を大事にするパートナーを選ぶのもひとつの選択です。

〝人生でつまずいたときは学びの機会〟とありますが、そのときすぐには学びの意味がわからなくても、後々になって〝あれはこういう学びの経験だったのね〟とわかることもあります。

今は、傷ついた心を休めて、思う存分安心する環境で、お子さんと愛に満ちた時間を過ごすことが必要だと思います。

あなたは十分頑張りました。

Q6

いつの頃からか、人の幸せを素直に喜べなくなってしまいました。友だちの幸せも素直に喜べない自分が情けなく、悲しくなります。自分が不幸だと思っているわけではないのですが……。頭の中が、すっかり「人の不幸は蜜の味」です。

（女性・nabe.poochanさん）

a

そういう時期もあります。幸せそうな人と少し距離を置いてみては？

そういう時期も人にはあると思います。ですが、自分を見直して、せめて「人の不幸は蜜の味」からは卒業しましょう。

人の幸せを素直に喜べないこと、そんな自分が情けなく、悲しくなることなど、自分のネガティブな部分をちゃんと認めていらっしゃるのは、とても自分に正直で、素直な人なのだと思いました。

自分の暗部を認めている時点で、もうポジティブ脳を使う準備＝人の不幸を喜ぶ暗い部屋から脱出する準備は、できていると思います。

背景はわかりませんが、何か自分の心が満たされないことがあるのではないでしょうか？〝自分が不幸だとは思っているわけではない〟とおっしゃっていますが、その感情はとてもネガティブですし、人の幸せを喜べる人でいないと、あなた自身が心から自分の幸せを感じる人にはなれません。

〝不幸〟とまでは思っていなくても、何か心にフツフツとした思いを抱いていていませんか？

誰にでもそういう時期はあると思います。

まわりが結婚にプレッシャーをかけてきて焦っているとき、友だちが電撃婚したとか、自分が不妊治療を続けているときにいきなり授かり婚をしたとか……そんなときは正直、複雑な気持ちになったりもするでしょう。それが人間です。

そんなときの対処法として、私からの提案は2つあります。

あなたが、どうしても感情が顔に出てしまう…という不器用な方なら、無理して幸せそうな人が集まる場所に行かなくても良いと思います。

「ちょっと長くいるのはしんどいな」と思ったら、お仕事だということにして、一瞬でもとびきりの笑顔で「おめでとう」を伝え、プレゼントを渡して帰る。もしくは参加しなくても、お祝いの手紙を添えて、プレゼントを贈るなどしてみてください。相手が〝ありがとう〟を返してくれたりして、良い言霊の言葉を交わしているうちに、人の不幸を蜜の味にしていた自分に罪悪感が生まれ、ネガティブな気持ちも和らいでくるのではないでしょうか？

そして、もう一パターン。あなたが何事も思い切れるタイプの人なのならば、幸せそうな身近な友人がいたら、あなたが率先してお祝い会などを仕切ってみてはいかがでしょうか？誰かが喜ぶことを、あなたが責任を持って動いていくうちに、その人が幸せに至るまでの苦労を知ることもでき、幸せになるための学びも得られるうえに、人の喜びが伝染し、自分のことのように感じられる人になっていくと思います。幸せと笑顔はうつります。人の不幸を喜ぶ人より、幸せを一緒に喜べる人になったほうが、あなたの心も楽になり、まわりも幸せになりますよ！それこそが素晴らしい人生なのだと思います。

Q7

私を親友だと言い、依存してくる友達がいました。彼女は「毎日メールして欲しい」、「週一回は家に来て欲しい」と言うので、頑張って応えました。でも私にも他に友達はいるし、趣味の習い事もあるし、バタバタしていてときどき応えられないこともありました。すると、「あんたに依存しても良いことない」と突然、バッサリ。私って一体なんだったのかなぁと虚しくなる気持ちが消えず、その子に対してときどき腹立たしい気持ちがこみ上げます。こんな悩み、パパっと吹き飛ばしたいです。

（女性・Mさん）

a

あなたの大切な時間は本当の友達との喜びや幸せのために使いましょう！

それはとても傷つきましたね。親友だと言われた方に、自分なりに求められたことに真摯に応え尽くした結果、失礼な言動をされて傷つけられているということ。同じような目に、私も幾度と遭ったことがあるからわかります……。そして、早く気づけて良かったですね。

この人の自分勝手で薄暗ーい本音は、すでに言葉に出ています。

【あんたに〝依存〟しても〝良いことない〟あなたが嬉しいことを聞いても〝楽しくない〟】と。

もともとが、人に依存し期待をする気持ちが強く、自分から愛を与えよう、友を喜ばせようという、〝愛が少ない人〟なのだと思います。

この人は自分で意識をされてないかもしれませんが、自分より幸せではなさそうに感じる人をそばに置き、優位性を感じることでしか自分の存在価値を確認できず、人のエネルギーを吸い取ることが喜びで、与える喜びや心を通わせる喜びを知らない、残念な方だと思います。誰かを幸せにすることは〝損なこと〟だと思っているタイプかもしれませんね。

健全な友達との幸せなエネルギーというのは、与え合い、循環するものです。

あなたの楽しいことや嬉しいことを気に入らないような人は、友達でなくても良いと思います。〝一緒にいて虚しい。傷つけられてツラい〟と感じる人は、友達ではありません。ただの〝困った知り合い〟です。

〝友達〟の中には勿論、様々なタイプがいて、〝言葉は悪いけど愛がある子〟だったり〝お節介ばかりで自分のことがてんで不器用な子〟だったり……個性があると思います。

でも、みんなそれぞれあなたにとって心地良い部分があり、〝一緒にいて心が温かくなる〟、〝信頼を築くことができ大切な相談ができる〟、〝同じ体験を通して時間を過ごすこと楽しい〟などの、友達としての喜びがあると思うのです。さらに〝親友〟となると、〝信頼〟と〝居心地の良さ〟は、一番大きな部分かと思います。

少しキツイ言い方になりますが、この人が言う「親友」は〝都合の良いときにいつも言うことを聞いてくれて、何か自分に良いことだけを与えてくれる、自分より目立たず、幸せではない人〟なら、誰でも良いのだと思いますよ。その、〝誰でも良い都合のいい人〟に、あなたがすすんでなる必要はありません。

あなたの大切な時間は、あなたの幸せや喜びのために使ってください。

ちなみに私の経験から言うと、急に〝親友〟と言って距離を縮めてくる人は、自分中心の考えが強く、後々問題があることが多い気がします。

あなたも急にこの人から〝親友〟と言われて、違和感を覚えたはずです。

人には第六感が必ずあるので、〝違和感〟や〝鳥肌〟などの感覚は、大抵当たっているものです。

〝親友〟は、一緒に過ごす時間と体験の中で、互いに心の距離を縮めていくことで徐々に認識し合うもので、言葉で〝私たちって親友だよね〟と確認し合うことではないと思います。

簡単に〝親友〟という言葉を使い、その名の下で〝親友だからやってくれるよね？〟、〝親友なのにわかってくれないの？〟と、自分勝手な要求を押しつけてくる人には、今後も距離を取りながらお付き合いしましょう。

ちなみに、〝腹が立つし、相手に一言ガツンと言ってやりたい〟とか、〝これからの彼女のためにも、悪いところを指摘してあげたほうが良いのかなぁ〟と言う真面目な方がいますが、それもやめておきましょう。相手に、人の意見を受け止めるだけの器が備わっていない場合、自分を守るために都合の良いように周りに伝えられて、あなたが誤解されることが多々あるからです。

もう金輪際、限られた大切な時間を、この〝欲しい欲しいおばけさん〟と一緒に過ごさなくても大丈夫です。今いる心地良い友達と幸せな時間を紡いで、新しく楽しい思い出で、心の穴を埋めて行ってくださいね。

Q8

30代に入ってからずっと悩んでいます。アンミカさんの著書にある「積極的に待つ」を実践してはいますが、なかなかいい出会いがありません。ずっと婚活もしてきましたが、心身ともに疲れ切ってしまいました。一生ひとりかもしれない不安と出産のことなども考えると焦ってばかりで最近は夜もあまり眠れません。まわりからは「40歳を過ぎれば、一生結婚できないよ」と言われ落ち込みます。婚活をやめて、趣味や好きなことに打ち込み、毎日を積極的に楽しく過ごしていれば、私にでもいつか自然な出会いが訪れますか？　母も7年前に他界してしまい、相談できる人もいません。

（女性・みちこさん）

a

素敵なご縁に恵まれるように、【新・積極的に待つ】をスタートさせましょう！

相談内容を拝見させていただき、お母様に何でもご相談する、とても仲良しな親子だったのかな？と感じています。

そのお母様もファンでいてくださったとのこと。とても嬉しいです。

今回は、お母様と同じ答えではないかもしれませんが、私なりにお答えさせてもらえたら……と思います。

人生において、自分で【こうでないといけない！】と決めつけることが、幸せから遠ざかるアクションのひとつ……と私は思っています。

みちこさんは、【一生ひとりかもしれない、不安で出産のことも考えると焦ってばかりで苦しい……】とおっしゃいますが、どうか結婚に固執しすぎて、そんな不安感を持たないで下さい。

幸せの形は様々です。みちこさんは、結婚と出産の目標に固執しすぎて、〝目の前の人、ひとりひとりを幸せにする〟、〝今を楽しむ〟ことに鈍感になっている気がします。30代という輝かしく、大切な時期を、結婚への不安から、ずっと悩んで過ごしているなんて、もったいない！

【40歳を過ぎれば、一生結婚できないよ】なんて言うお方、そもそも40歳以上の方に失礼ですし、世の中を見渡せていない不躾な発言です。まともに受け止めないようにしましょう。

そもそも他の人の人生を、自分の価値観で言い切って押しつけてくる人は、自分の言葉に責任を伴っていません。結婚に敏感になりすぎて、素直に受け止めてしまったのだと思いますが、その言葉に踊らされない自分でいてください。

そして、みちこさんは【積極的に待つ】の解釈を、間違えて受け取っていらっしゃる気がします。

「婚活をやめて、趣味や好きなことに打ち込み、毎日を積極的に楽しく過ごしていれば、私にもいつか自然な出会いが訪れますか？」とありますが……。

答えは〝Ｙｅｓ！！〟。

それが、【積極的に待つ】の真意です。

自分の魅力を高め、良い出会いの引力を高めながら待つことが【積極的に待つ】ことです。

〝そうすると、待ちの時間が攻めの時間になる……〟と、この言葉を説いている引き寄せのカリスマ・Ｋｅｉｋｏさんもおっしゃっています。

みちこさんは、結婚への【焦りと期待】が大きすぎる気がします。

あなたの人生設計に相手を当てはめるのではなく、自然と輝いているあなたに魅力を感じた人と、ご縁を結ぶほうが健全ではないでしょうか？

ヘアの手入れや自分らしいメイクを研究する。今一度、自分に似合う素敵なファッションを見直す。興味のある趣味の勉強を始める。社会にお役に立てる自分であるために、自分がワクワクする資格を取る。まわりを明るく照らす、笑顔の練習をするなど、自分の魅力を高めるレッスンをしながら、コンサートや美術館、イベントなどで芸術を堪能したり、気の合うお友達と出かけたり、人のお役に立てるよう喜びを持って仕事を頑張ったりと、〝今〟を存分に楽しむのです！

すると、その〝楽しい場〟で、同じように〝楽しんでいる人〟と出会うことができるでしょう。あなた自身が〝今〟にワクワクドキドキしていると、自然と内側からの輝きが出てきます！

そんな、〝今をワクワクと大切に楽しんでいる魅力的な女性〟を、男性が放っておくはずがありません！ こうした流れでのコンパや、婚活パーティーなら、素敵な人と会う確率は高まると思います。だって今を大切にイキイキしている人は、誰よりも好奇心で目が輝き、会話もきっと楽しいでしょう！

あなたの結婚という目標に相手を当てはめるのではなく、あなたが【結婚して相手を幸せにするのに相応しい人】になってください。

ぜひ、神社や神様に手を合わす機会があるなら【誰かの人生を明るく照らすことができる、魅力的な女性でいられますように！　そして、天国にいるお母様が、そして互いのご先祖様が喜んでくれる人と出会い、愛を育み、互いが信頼を築き合う、そんな幸せな家庭を築かせていただけますように】と、謙虚な姿勢で願ってみてください。

結婚は人生のゴールではありません。長い人生の中で、様々な苦難もあることでしょう。

一緒に苦難を受け止め、工夫して乗り越えていくのが結婚生活です。そうした中で、互いに信頼が生まれ、仲良く過ごしていく智慧や感覚が養われ、より愛が深まって行くのだと思います。

素敵な人に選んでいただけるあなたでいるために、そんな【新・積極的に待つ】にアップグレードしてください。

Q9

私は昨年結婚したのですが、実は、アンさんのおかげで結婚できました。デートの数日前にアンさんがTVで人とお付き合いするうえで心がけていることをお話されているのを拝見しました。私は人見知りが激しく、初対面の印象が悪いタイプだったのですが、主人と会う日はアンさんの言葉を大事に！と決めてその日を迎えました。結果は……自分でも信じられないくらい素敵な時間を過ごすことができました。そして、半年後に結婚しました（笑）。そんな私なのですが、実は、ヤキモチ焼きな自分に悩んでいます。お互い40歳を過ぎての結婚なので、様々な過去があっての今、ということはわかっているのですが、どうしても主人の過去が気になってしまいます。そんな自分がとてもしんどく、気持ちをどう転換させたらいいのかいつも悩んでしまいます。

（女性・533さん）

A

過去に捉われるより、「今の幸せ」を大事にして「一緒にいられて幸せ。選んでくれてありがとう！」と伝えましょう。

私が母からもらった〝4つの魔法〟で、今の幸せをつかんだとのこと。とても嬉しい報告をありがとうございます。

【笑顔は、最高の思いやりの世界共通言語】だと言われますが、【相手の心を溶かすパワフルな魔法】でもありますね！

さて……533さんのお悩みは、愛が深すぎるゆえ！と、可愛らしく思えたりもしますが、焼きもちや、相手の過去の恋人への心配は、続き過ぎると男性はゲンナリして嫌気がさしてしまうことも。

そうなる前に、解決したほうが良いと思います。

「過去があってこそ今、この人がいる……と言う気持ちもある」とも書かれていましたが、聞かずにいられないというのは、何か昔のことが気になる理由が、旦那様にあるのでしょうか？

そこがあまり文脈からはわかりませんが、【心が嫉妬で暗くなる過去】より【幸せを築き合う今】に目を向けてはいかがですか？

〝今の選択〟が〝未来を作っていく〟ので、今が過去に引っ張られていくと、2人のより良い未来に影を落とすことにもなりかねません。

まずは、改めてこう考えてみませんか？

お互いに過去があり、その過去から学び取ったから今の自分がいる。その過去のお陰様で、あなたに出会えている。その過去の学びがなければ、彼はもっと冷たい人だったかもしれない、あなたの笑顔の魅力に気づかなかった人かもしれない。過去の経験がなければ、2人で超えていく苦労の乗り越え方も知らない、感謝の心も薄い人だったかもしれない。究極的なことを言うと、過去の人と別れていなかったら、533さんとは出会っていなかったかもしれないのです。過去にお付き合いしていた方と結婚していたら、あなたにチャンスはなかったのですから！

ちなみに、あなたは旦那様が初めてお付き合いした方ですか？

あなたに全く【過去】はないのでしょうか？

あなたにも過去にお付き合いした人はいるのでは？

イヤな言い方かもしれませんが、過去のどの人よりも魅力的だったから、彼はあなたと結婚をしたのです。

〝いえ、きっと前の彼女が彼と別れた後に、他の人と結婚したから仕方なく私だったんだ〟と思ったなら、【タイミングというものも、あなたの運と魅力の一部】だと知ってください！

次に、彼への尋ね方は大丈夫ですか？

〝可愛らしいやきもち〟くらいの温度感なら、旦那様も〝可愛いなぁ。俺って愛されてる！〟と、まんざらでもないかもしれませんが、あまりにしつこく言われると、〝もういいよ。今結婚してるのはお前なのに、自信がないの？ そんなに信頼できないの？〟という気持ちにもなりますし、〝あれ、俺の選択が間違っていた？〟と、彼にもあなたの不安な気持ちが移ってしまいます。

〝疑うより、信じる女性を男性は裏切れない〟と言います。そして、〝疑う女性より、信じる女性が可愛くて仕方ない〟とも。

外で働いてきて、疲れて帰ってくる男性は、家庭に居心地の良さを求めます。理解ある器を備えた女性が明るく出迎え、心温まる空間を作ってあげることが大切です。

旦那様とこれからも末永く幸せに暮らしていきたければ、旦那様が早く帰りたくなる温かな家庭を作り、早く会いたくなる、大らかな女性でいてください。

彼が選んだのはあなたです！ あなたとより良い明るい未来を築きた

いと思って、結婚という大きな決断をしたのです。

彼の過去をしつこく問いただすことは、彼に〝私を選んだことを迷ってる？ 間違っていたと思っていない？ 過去の恋人のほうが良いでしょう？〟と日々、彼の選択を責め、自分の価値を下げていることになるのではないでしょうか？

【一度きりの人生で、パートナーに私を選んでくれた！】という自信を持ち、選んでくれた彼に感謝をして、〝昔の彼女ってどんな人？ 今も会いたいと思っているの？〟という今までの質問から〝今、一緒にいることが楽しい！ 私を選んでくれてとても感謝してる。ありがとう！〟という、幸せ言葉に変えていきましょう！

そんなあなたのほうが、何倍も可愛いですよ！

「7つの光の木」で自分の本音を知ろう！

この「7つの光の木」は、悩みで頭と心がモヤモヤしたときに、私が解決するために書き込み、使っているものです。

まずは悩みが生じたら、7つの光の木に、その悩みをどうしたいかの願望を、書き込んでみてください。何個でもかまいません。

そこから順番に、素直な気持ちでテーマに沿って書き込んでいきましょう。誰も見ていません。誰に格好をつけなくても良いのです。自分のいやらしい部分、弱い部分も、思い当たるだけ紙に書き込んでみてください。特に2つのことで悩んでいるときには、冷静に自分を客観視して、決めることができるでしょう。

願望を叶えるためには、自分がそれを心の底から本当に欲しがっているのかを確認することや、現状を知ることが大切になります。

願望がなぜ実現できないの？　と頭の中でグルグルと思い悩むよりも、冷静になって、今の自分に足りないもの、問題点を見極め、そこから味方になってくれそうな人、自分の中にある智恵や魅力、心眼成就できそうな情報をどう役立て、生かし、願望を実現するべきか、戦略と計画を練ることが大切になってきます。

皆さんの悩みがひとつでも解決され、清々しい気持ちで日々を送ることができることを願って。

2、4、5、7で自分を励まし、1、3、6で戒めに見直すことができます。素直に書き出すと、自分の深層心理を知るのに役立ちます。

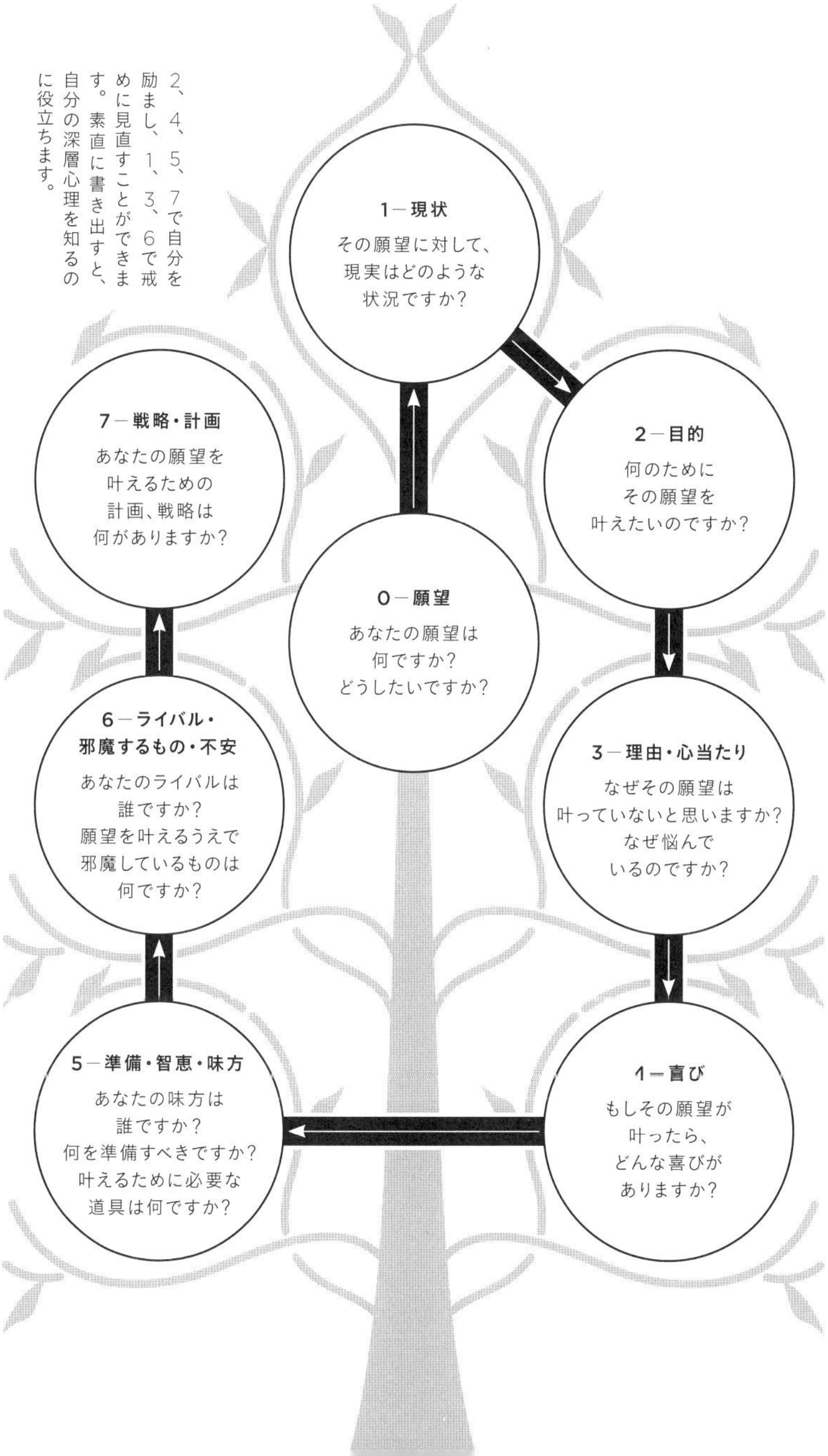
1—現状
その願望に対して、
現実はどのような
状況ですか?
7—戦略・計画
あなたの願望を
叶えるための
計画、戦略は
何がありますか?
2—目的
何のために
その願望を
叶えたいのですか?
0—願望
あなたの願望は
何ですか?
どうしたいですか?
6—ライバル・
邪魔するもの・不安
あなたのライバルは
誰ですか?
願望を叶えるうえで
邪魔しているものは
何ですか?
3—理由・心当たり
なぜその願望は
叶っていないと思いますか?
なぜ悩んで
いるのですか?
5—準備・智恵・味方
あなたの味方は
誰ですか?
何を準備すべきですか?
叶えるために必要な
道具は何ですか?
4—喜び
もしその願望が
叶ったら、
どんな喜びが
ありますか?

（記入例1）

「仕事をやめたい」という願望を持つ人の、光の木。社内では中堅で、女性としてはいわゆる結婚適齢期、という自身の状況に焦っている女性です。このままだと失うものが多く、すでに次の世界に期待しているという自身の心が浮き彫りに。

0—願望

今の仕事をやめたい

1—現状

・残業が多い
・友人、彼と会う時間がない
・人間関係にも疲れた
・やりがいを感じない
・こなしているだけの仕事に楽しさを感じない

2—目的

・もっと自由な時間を増やして自分を労るため
・もっと自分に合う環境や条件がいい会社があるのではないか

3—理由・心当たり

・時間がなく体を壊した
・最近、彼にも会えなくて将来が不安になってきた
・ここで一生働く！ というビジョンが見えない

4—喜び

・また違った学びが得られる
・次のステージに進むことで初心に返り、仕事に取り組むことができるかも
・新しい環境へのワクワク感

5—準備・智恵・味方

・英語の語学力
・学生時代の部活の先輩が顔が広く出世しているので紹介に期待
・今は転職情報も豊富

6—ライバル・邪魔するもの・不安

・もっと良い条件の転職先があるのか不安
・今のポジションを手放すことへの執着
・今のままなら一生安泰にそれなりに出世できそう
・またゼロからのスタートがしんどい
・固辞されたらどうしよう

7—戦略・計画

・勇気を出す
・先にある程度次のステージへいく相談をしてから動く
・自信を持つ
・転職した友人に話を聞く

1、3、6＝戒め
2、4、5、7＝励まし

（記入例2）

「やせたい」という願望を持つ29歳の女性の、光の木。このケースのようにやる気ひとつで自分を変えられる願望に関しては、2、4、5、7をつねに励みに見て、1、3、6を戒めにして努力すれば実現できるでしょう。

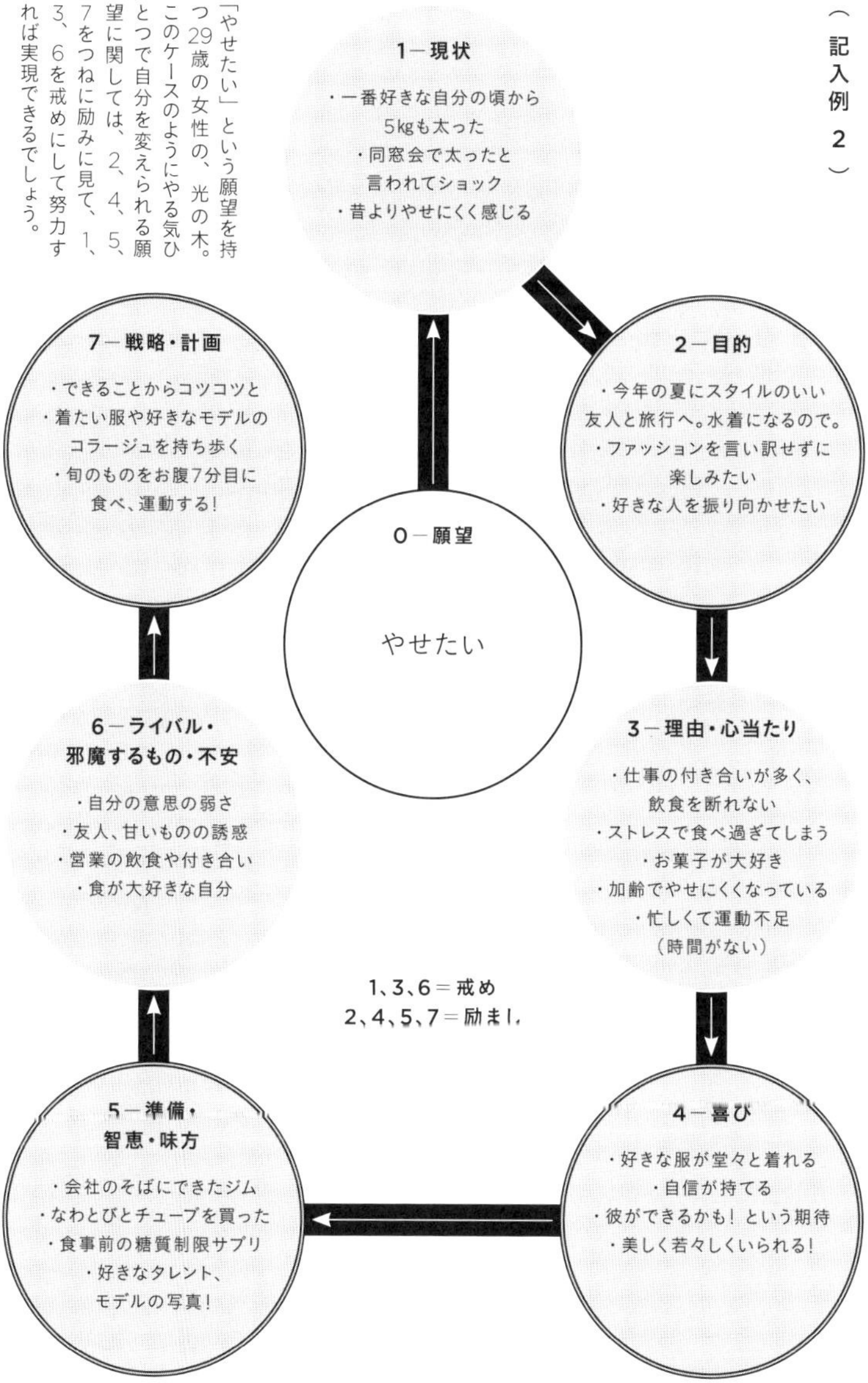
1―現状
・一番好きな自分の頃から
5kgも太った
・同窓会で太ったと
言われてショック
・昔よりやせにくく感じる
2―目的
・今年の夏にスタイルのいい
友人と旅行へ。水着になるので。
・ファッションを言い訳せずに
楽しみたい
・好きな人を振り向かせたい
0―願望
やせたい
3―理由・心当たり
・仕事の付き合いが多く、
飲食を断れない
・ストレスで食べ過ぎてしまう
・お菓子が大好き
・加齢でやせにくくなっている
・忙しくて運動不足
（時間がない）
4―喜び
・好きな服が堂々と着れる
・自信が持てる
・彼ができるかも！ という期待
・美しく若々しくいられる！
5―準備・
智恵・味方
・会社のそばにできたジム
・なわとびとチューブを買った
・食事前の糖質制限サプリ
・好きなタレント、
モデルの写真！
6―ライバル・
邪魔するもの・不安
・自分の意思の弱さ
・友人、甘いものの誘惑
・営業の飲食や付き合い
・食が大好きな自分
7―戦略・計画
・できることからコツコツと
・着たい服や好きなモデルの
コラージュを持ち歩く
・旬のものをお腹7分目に
食べ、運動する！
1、3、6＝戒め
2、4、5、7＝励まし

あなたの7つの光の木を書いてみよう!

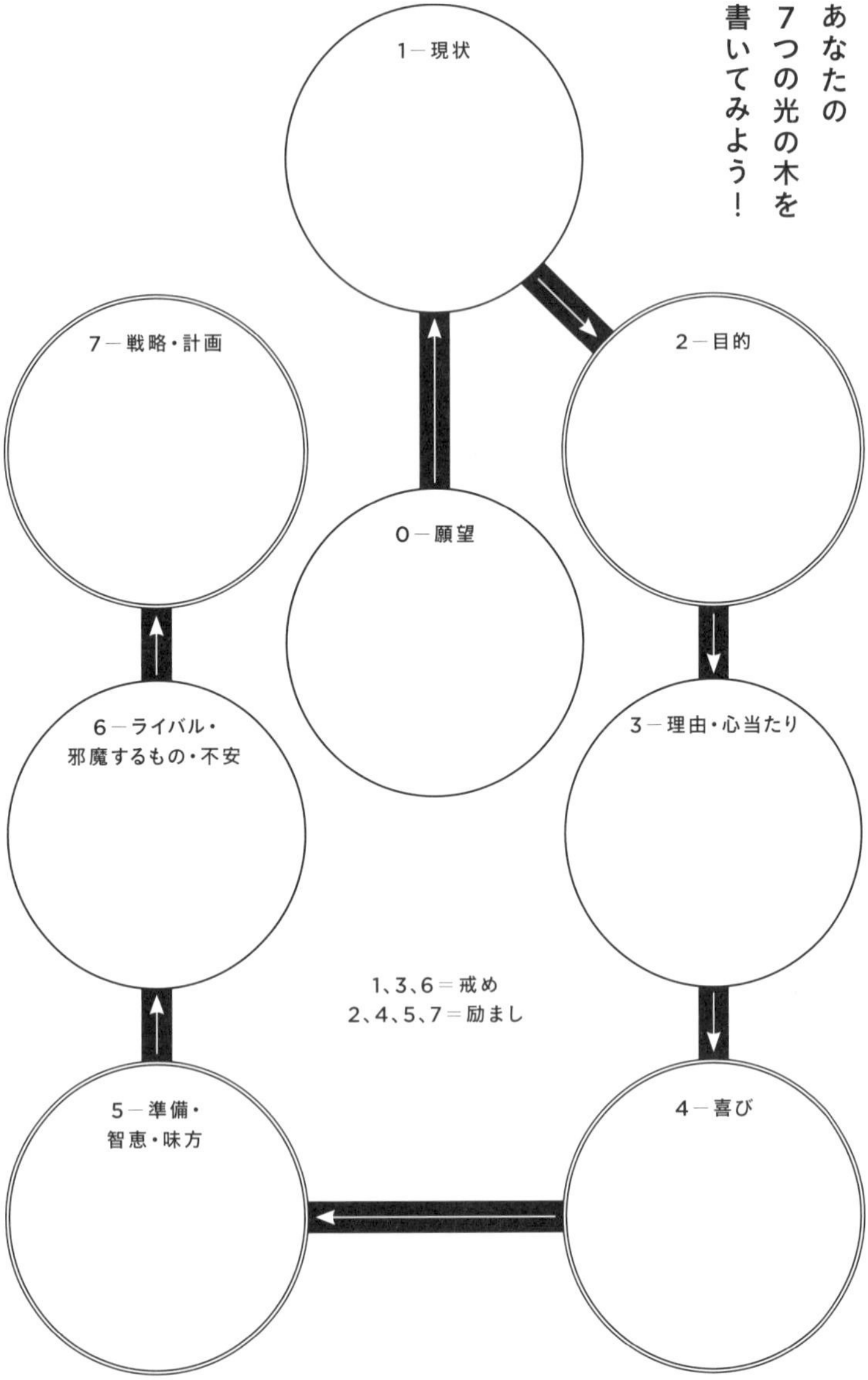

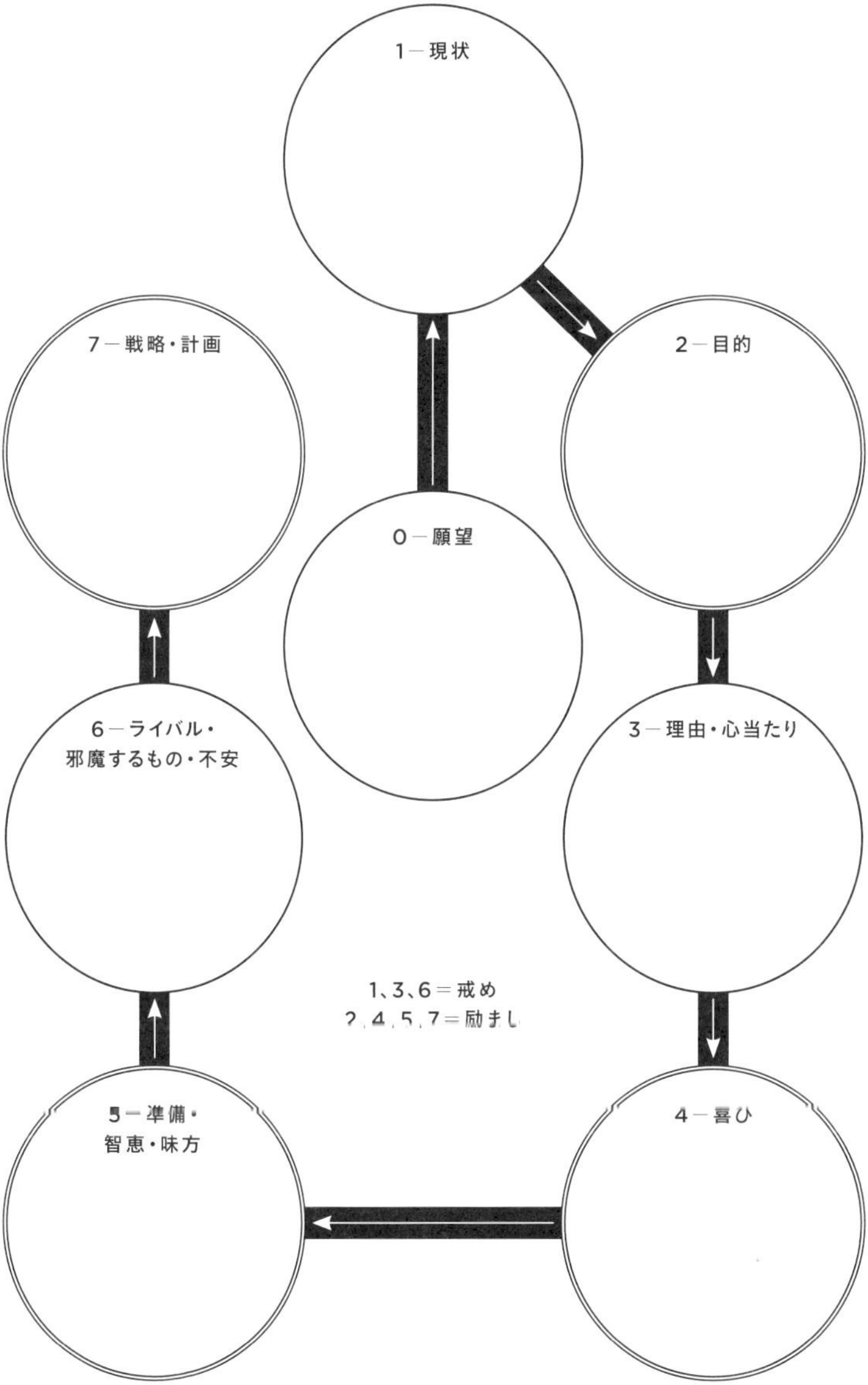
1—現状
2—目的
3—理由・心当たり
4—喜び
5—準備・
智恵・味方
6—ライバル・
邪魔するもの・不安
7—戦略・計画
0—願望
1、3、6=戒め
2、4、5、7=励まし

ポジティブ脳を作るための7か条

1. 幸せは、自分の心が決めることを知る。
2. 迷ったときは、心がワクワクするほうを選ぶ。
3. 良い言霊を使おう。相手が喜ぶことを言おう。
4. 自分に起こる出来事を信頼する。何でも面白がる練習を。
5. 人は思い通りにならないことを知る。
決めつけ、頑ななな心は捨てる。
6. いったん、思い巡らせる。多角的な視点を持つ。
7. 感謝、思いやりに気づく心を。

EPILOGUE

ネガティブとポジティブは陰と陽の関係に似ています。森羅万象、宇宙のありとあらゆるものは、陰陽で成り立っています。陰があるから陽があり、陽があるから陰がある。暗闇がなければ、光の有り難さはわかりません。暗闇の存在は必要なのです。だから、ネガティブな人には、ポジティブになり、目の前が開けたときの有り難みが、人一倍わかるという、「ポジティブに幸せに生きる才能を持っている」と言えると思っています。

私の好きな言葉に【この泥にこそ咲け蓮の花】という言葉があります。

蓮の花は、冷たく真っ暗な泥の中を、光に向かってただひたすらに伸びて、美しく汚れない強い花を咲かせます。その花は、仏様も鎮座するほど、神聖な美しさがあります。人は暗闇や冷たさなどの苦労があってこそ、強くしなやかになることができ、諦めずに光を信じてこそ、人の心を打つ、美しい花を咲かせることができるのでしょう。だから私は自分の生き方に照らし合わせられる蓮の花が大好きです。

今、皆さんがどんな経験をされていても、物事を明るく見て、光を信じて、光に向かって進んでいれば、必ず救いはあると思います。そしてそのツラさを乗り越えて、ふと振り返れば、いつのまにか【経験という美】をまとい、魅力的な人間になっているのでしょう。

ポジティブな脳とは、ネガティブも兼ね備え、バランスのとれた脳のことだと思います。ネガティブな側面をどう理解し、どう使い、ポジティブに活かすのか、それが大切なのだと思い、私も日々、【ポジティブ脳】を活用し、幸せを噛み締めています。

皆さんも心の針をネガティブからポジティブに向け、幸せを見出して日々を過ごせるようになっていただけたら、私も幸せです。

最後まで読んでいただき、ありがとうございました。

最後にこの本に愛を持ってご尽力してくださった宝島社の小寺智子様、ライターの佐藤美由紀様、デザイナーの大久保有彩様、テンカラットの皆様、信末慎太郎様に心より感謝を込めて。

２０１９年３月吉日　アンミカ

アン ミカ

モデル・タレント。1993年にパリコレに初参加以後、モデル業以外でも、テレビ、ラジオ、映画、エッセイ執筆や女性や学生向けに講演会を開く等、多方面で才能を発揮。アロマアドバイザーの資格を持つほか、2002年4月から約1年間韓国延世大学語学堂に留学、韓国語も堪能。美容健康のため、ジュニア・ベジタブル&フルーツマイスターの知識も持つ。

写　真　下村一喜［UM］
スタイリング　加藤万紀子
ヘ　ア　RYOJI IMAIZUMI［SIGNO］

デザイン　大久保有彩
構成・執筆　佐藤美由紀

マネージメント　テンカラット
編　集　小寺智子

衣装クレジット　［表紙&p.003］
トレンチコート¥49，000（コーニッシュ／東レ・ディプロモード）、ピアス¥46，250（スワロフスキー・ジュエリー／スワロフスキー・ジャパン）、靴¥149，000（クリスチャンルブタン／クリスチャンルブタン・ジャパン）
［p.006］
ワンピース¥270，000（ミッソーニ／三喜商事）、ピアス¥600，000（アントニーニ／コロネット）

お問い合わせ先　クリスチャンルブタン・ジャパン ☎03-6804-2276
コロネット ☎03-5216-6518
三喜商事 ☎03-3407-8235
スワロフスキー・ジャパン 0120-10-8700
東レ・ディプロモード ☎03-3406-7198

アン ミカ流 ポジティブ脳の作り方
365日毎日幸せに過ごすために

2019年3月21日 第1刷発行
2024年10月4日 第9刷発行

著　者　アン ミカ
発行人　関川 誠
発行所　株式会社 宝島社
〒102-8388 東京都千代田区一番町25番地
電話　編集 ☎03-3239-0928
　　　営業 ☎03-3234-4621
https://tkj.jp

印刷・製本　サンケイ総合印刷株式会社

ISBN978-4-8002-8940-7